opus magnum – edition amici

Marion Röttgen lebt mit ihrer Familie in Stuttgart. Sie hat in Literaturwissenschaft promoviert, Logopädie und Sprecherziehung studiert und ist Professorin für Gesundheitswissenschaft und Mitarbeiterin an interdisziplinären Projekten.

Marion Röttgen

... ausweglos

Edition Amici

Bibliografische Information der Deutschen Nationalbibliothek
Die Deutsche Nationalbibliothek verzeichnet diese Publikation in der Deutschen Nationalbibliografie; detaillierte bibliografische Daten sind im Internet über http://dnb.d-nb.de abrufbar.

Version 1.01
Umschlaggestaltung, Grafik und Layout: Marion Röttgen
Herstellung: BOD - Books on Demand GmbH., Norderstedt

ISBN 13: 978-3-95612-152-4

Inhalt

Eine seltsame Liebe

Es dämmerte schon, und die Straßenbahn war kurz nach der Endstation Richtung Stadtmitte noch fast leer. Die junge, elegant gekleidete Frau stieg in den Wagen, ohne dem noch recht kleinen Jungen an ihrer Seite dabei zu helfen, die hohen Stufen zu erklimmen. In der einen Hand trug sie mehrere Tragetaschen, die ihrem Design nach aus noblen Geschäften stammten, in der anderen hatte sie ihr Handy. Das Kind ging sofort zu der nächsten Bank, kletterte auf den Sitz am Fenster und sah hinaus, Dabei saß es ordentlich auf seinem Platz, verrenkte sich aber, um frontal nach draußen schauen zu können und presste seine Nase gegen die Scheibe. Mit beiden Händen hielt der Junge sich dabei an dem schmalen Holzbrett unterhalb des Fensters fest.

Die Mutter, eine kühle Schönheit, setzte sich, ohne etwas zu sagen, neben ihn und begann in ihr Handy zu buchstabieren. Ihr schönes, rötliches Haar – kräftig wie man es häufig in Irland antrifft - fiel ihr dabei über das Gesicht. Der Junge hatte die gleiche Haarfarbe, aber sein Haar war weicher und glatter. Er war auffällig blass und zart, aber womöglich älter, als er auf den ersten Blick zu sein schien. Die Bahn fuhr ruckartig los.

Plötzlich sagte er sehr leise, ohne sich seiner Mutter zu zuwenden, mit einem berührend innigen Ton: Mama, Mama, ich liebe diese Straßenbahn. Und noch einmal wiederholte er, noch leiser, fast mit einem Schluchzen: Ich liebe sie so, diese Straßenbahn.

Die Mutter sah überrascht auf das Kind und antwortete in ungeduldigem Ton auf Englisch. Sie erklärte mit einem monotonen Wortschwall, es sei doch dieselbe Straßenbahn, die er täglich in die Schule benutze, nur würden sie immer erst bei der Börse einsteigen. Das wisse er doch schließlich. Damit beugte sie sich wieder über ihr Handy.

Der Junge sagte nichts mehr. Beide schwiegen die lange Fahrt bis zur Stadtmitte, und selbst dort beim Aussteigen sprachen beide kein Wort. Keine Aufforderung… wir sind da oder let's go. Sie stiegen aus und gingen in Richtung Kärntnerstraße über den Zebrastreifen. Der Junge immer einen Schritt hinter der Mutter, die weiter mit ihrem Handy beschäftigt war. Sie bemerkte zunächst nicht, dass der Junge stehen blieb, sich umdrehte und der Straßenbahn nachblickte, bis diese hinter der Oper nicht mehr zu sehen war.

Come on, rief die Mutter schließlich verärgert, come on. Mit gesenktem Kopf folgte ihr das Kind gehorsam.

Ich habe Deine Mutter nie geliebt

Als sie erwachsen war, behauptete sie, ihren Vater nur einmal im Jahr gesehen zu haben. Vielleicht war es auch so. Zumindest war das eine weihnachtliche Treffen Mitte Dezember kurz vor ihrem Geburtstag so, dass es die anderen Begegnungen in den Schatten stellte. Alle Verabredungen verliefen gleich und verschmolzen in der Erinnerung zu einem Erlebnis.

Da der Vater die einst gemeinsame Wohnung nicht mehr betrat, erfüllte er seine väterlichen Pflichten, indem er die Tochter in das jährliche Weihnachtsmärchen im Hamburger Schauspielhaus einlud.

Dieser Tag begann schon am Morgen mit Aufregungen. Gegen den Willen ihrer Mutter setzte sie durch, weiße Kniestrümpfe und schwarze Lackschuhe anzuziehen, was bei dem winterlichen Hamburger Wetter absurd war. Dazu das Seidenkleid aus Taft, Schottenmuster in Hellgrau und Altrosa. Es stammte aus den Jahren, als der Vater noch zu Hause lebte und die Mutter für ihre Tochter in der Hamburger Kinderstube einkaufte. In diesem Winter, es sollte das letzte Mal werden, dass das Ritual stattfand, war es eigentlich schon etwas zu eng und entschieden zu kurz. Die Mutter schwieg dazu, es gab keine Alternative, und außerdem hätte die Tochter sich geweigert, ein anderes Kleid anzuziehen.

Wie das Jahr zuvor erwartete der Vater die Tochter in seinem schwarzen Opel bei beginnender Dämmerung vor dem Haus, er klingelt nicht einmal, sodass die Kleine fertig angezogen im Mantel schon lange vor der Zeit am Fenster stand und wartete.

Die Fahrt im Auto mit dem Vater zum Theater war für sie jedes Jahr eigentlich das Schönste. Sie freute sich, und - so schien es ihr – der Vater freute sich auch. Er lachte viel und erzählte von spannenden Sachen, die er unternahm. Er besuchte die Kunstakademie und nahm Malunterricht, so erklärte er, und lernte Chinesisch. Sonntags ging er reiten. Sie saß neben ihm und hörte zu, sie musste ihn dabei nicht anschauen und konnte immer mitlachen, sodass sie die Sehnsucht verbergen konnte, die seine Erzählungen in ihr weckten. Aber es entstand in diesen Augenblicken eine kleine unverhoffte Vertrautheit.

Wenn sie dann in dem prächtigen Schauspielhaus nebeneinander saßen, vergaß sie den Vater, das bunte Theater nahm sie gefangen. In diesem Jahr gab es etwas Besonderes, es wurde eine Oper von Humperdinck aufgeführt: Hänsel und Gretel. Noch nie hatte sie so etwas erlebt. Die Musik versetzte sie in eine andere Welt, und in der Pause stand sie ganz still neben ihrem Vater, der ihr allerlei zu der Musik erzählte, was sie nicht verstand. Aber sie war sehr glücklich an diesem Abend.

Wie die Jahre zuvor ging der Vater auch dieses Mal im Anschluss mit ihr in das Nobelcafé neben dem Hamburger Schauspielhaus. Der Vater bestellte Kakao für das Kind, Sekt für sich und Baumkuchen für beide. Baumkuchen in den fünfziger Jahren, das war der absolute Luxus. Eigentlich schmeckte er dem Kind nicht, ein Schokoladentörtchen wäre ihm lieber gewesen. Aber das Kostbare und Besondere der

Bestellung blieben ihr so bewusst, dass sie sich selbst als Erwachsene hin und wieder bei festlichen Anlässen Baumkuchen kaufte, obwohl sie ihn trocken und bedeutungslos fand.

Das Gespräch zwischen Tochter und Vater erlahmte. Das Kind war glücklich und müde, der Vater spürte wohl eine zunehmende Hilflosigkeit seiner Tochter gegenüber, die er so selten erlebte, und mahnte unerwartet plötzlich zum Aufbruch. Das jähe Ende des Abends machte dem Kind Angst, die bevorstehende Trennung - wieder auf unbestimmt lange Zeit - tat ihm weh. Im dunklen Auto schwieg es und kämpfte mit den Tränen. Auch der Vater sagte nichts mehr, bis er - wie immer - eine Straßenecke vor der elterlichen Wohnung hielt.

Ich muss etwas mit dir besprechen, begann er ernst und sachlich. Deine Mutter und ich haben uns getrennt, wir passen nicht zueinander. Ich werde die Scheidung beantragen, das ist besser für uns alle. Weißt du, was das ist Scheidung? Das Kind schwieg. Dann können wir uns leichter sehen als jetzt, sagte er. Du kannst mir dabei helfen. Sie verstand nicht, was er meinte. Scheidung, das machte ihre Angst, ihr erwachsener Bruder hatte ihr davon erzählt.

Ich will ein neues Leben beginnen, sagte der Vater, du kannst mich dann viel öfter treffen als bisher. Sie schwieg, sie wusste nicht, was sie antworten sollte. Ich dachte, sagte sie schließlich schluchzend, ich dachte, vielleicht wird eines Tages alles wieder gut und du kommst zu uns zurück.

Nein, antwortete der Vater nach einer dunklen Pause. Wenn du groß bist, wirst du mich verstehen. Ich habe deine Mutter nie geliebt.

Der Satz stand da im dunklen Auto. Wie eine Mauer stand er zwischen Vater und Tochter. Nie... Das stimmt nicht, sagte das Kind schluchzend in die Stille. Warum bin ich sonst noch auf die Welt gekommen, da wart ihr doch schon zwanzig Jahre verheiratet. Warum bist du nicht gegangen, bevor ich auf die Welt kam...

Das Kind stieg aus, warf die Autotür hinter sich zu und ging mit steifen Beinen die letzten Schritte nach Haus. Auf die Frage der Mutter, wie es war, sagt sie: Schön wie immer, nur die Oper war so traurig. Im nächsten Jahr weigerte sie sich, mit ihrem Vater auszugehen.

Das Foyer oder ... ausweglos

Der Konferenzraum im zehnten Stock war angefüllt mit Männern. Die meisten trugen dunkle Anzüge. So, als wollten sie die Gewichtigkeit der Besprechung betonen. Man brach überraschend auf. Es war zu keinem Ergebnis gekommen. Er hatte wohl zu spät bemerkt, dass das Ende der Sitzung bevorstand. Fast alle hatten den Raum schon verlassen.

Seine Aktentasche schien ihm zu klein. Er hatte Mühe, den Laptop hinein zu packen. Als er sich umsah, stand nur noch einer der Teilnehmer im Raum. Ein großer Mann mit einem kahlen Kopf. Er hatte diesen Mann zuvor nicht bemerkt. Der Mann stand mit dem Rücken zu ihm und schaute aus dem Fenster auf die Stadt hinunter. Er wollte den Raum verlassen, bevor dieser Mann sich zu ihm umwenden würde. Hastig griff er die restlichen losen Papiere, ungeordnet wie sie waren, ohne sich die Mühe zu machen, sie in seine Tasche zu stecken, und eilte aus dem Zimmer zu den Fahrstühlen.

Der Flur war bereits menschenleer. Die Lampe des einen Fahrstuhls blinkte. Er hatte keine Hand frei. Ungeduldig versuchte er, mit dem Ellbogen auf den Schalter zu drücken, um den Fahrstuhl wieder nach oben zu rufen. Hinter ihm schlug eine Tür zu. Er sah sich um. Die Tür des Konferenzraums war zugefallen. Vielleicht hatte es gezogen, oder der Mann mit dem kahlen Kopf hatte sie geschlossen. Er fragte sich, warum dieser Mann dortgeblieben war.

Erleichtert bestieg er in den Fahrstuhl, drückt auf E und auf den Schalter „Direkt“. Im Fahrstuhl war es stickig. Er schien sich kaum zu bewegen. Wenn die Lichter an der Tür nicht die sinkenden Zahlen der Stockwerke angezeigt hätten, hätte er geglaubt, der Fahrstuhl sei stehen geblieben. Auf der Rückwand sah er sich im Spiegel mit seinem dunklen Anzug, der Aktentasche, dem Stapel unordentlicher Papiere unter den linken Arm. Er sah in sein gelbliches blasses Gesicht. Ich bin müde, dachte er. Ich sehe müde aus.

Der Fahrstuhl hielt, und er betrat das dämmrige Foyer des Hochhauses von der Stirnseite. Eilig wandte er sich nach rechts und ging auf die Glasschiebetüren zu. Ein Kollege von ihm war im Begriff, durch die Tür zu gehen, sie öffnete sich automatisch. Der Kollege wandte sich um, sah ihn und signalisierte mit einer Handbewegung, dass dieser Ausgang nicht mehr zu benutzen sei und er sich zur gegenüberliegenden Tür wenden solle. Die Türen schlossen sich und die milchig grauen Scheiben ließen in der hereinbrechenden Dunkelheit den weggehenden Kollegen nicht mehr erkennen.

Eilig ging er dennoch auf die Schiebetür zu, aber sie öffnete sich tatsächlich nicht mehr. Er stellte seine Aktentasche auf den Boden und griff nach der Tür. Seine Hand glitt den Spalt entlang, an dem sich die Türflügel berührten. Nichts rührte sich. Hastig wandte er sich um, nahm seine Tasche und ging die wenigen Schritte auf die gegenüber liegende Seite, auf der sich identisch eine hohe geschlossene Schiebewand befand, hier jedoch nicht aus Glas, sondern aus grauem Stahl.

Er ließ seine Tasche und die Papiere achtlos auf den Boden fallen und trat mit vorgestreckten Händen an die graue Schiebetür. Nichts rührte sich. Er tastete nach einem Schalter. Es gab keine Schalter. Die Wände waren vollkommen glatt. Er sah zurück auf die dunkle Glastür gegenüber, die jetzt in der Dunkelheit nicht anders aussah als die Stahlwand. Er war eingeschlossen in grauen Wänden. Eingeschlossen. Und oben im zehnten Stock war der Andere. Er hatte Angst.

Wie habe ich das gefühlt, was Abschied heißt… (Rilke)

Gleis 11 im Hamburger Hauptbahnhof war an diesem späten Abend im Oktober voller Menschen. Der Zug fuhr nach München, wo er an den aus Paris kommenden Orientexpress angehängt werden würde. In einer der offenen Türen stand eine junge Frau in einem dunkelblauen Reisekostüm. Immer wieder musste sie zurücktreten, um anderen Reisenden den Zutritt in den Waggon frei zu machen. Vor der Tür, auf dem Bahnsteig, drängte sich eine Gruppe von aufgeregt durcheinanderredenden Mädchen, die abwechselnd versuchten, der jungen Frau die Hand zu geben. Schreiben Sie uns aus Istanbul?

Offensichtlich handelte es sich um ihre Schülerinnen. Freundlich streichelte sie die Hände der Kinder, strich der einen oder anderen über die Haare, – irritiert und bewegt durch die jugendliche Emphase ihrer Anhängerschaft. Manchmal lachte sie mit einer hellen übermütigen Stimme auf, die Freude verriet, Freude über die Zuneigung der jungen Mädchen, aber dann, wenn ihr Blick zu der Bahnhofsuhr glitt, sah man Ungeduld, die Freude abzufahren.

Am Rande der zunehmend albernden Gruppe stand in einem schwarzen Pullover, frierend mit verschränkten Armen ein blasses Mädchen, das sich zurückhielt, aber mit starrem, verzweifeltem Blick die Augen nicht von der umworbenen Lehrerin wandte. Erst als der Schaffner pfiff, die geliebte Lehrerin die Tür schloss und sich aus dem herunter geschobenen Fenster beugte, stürzte das blasse Mädchen zu ihr, reichte ihr eine weiße Nelke, griff nach ihrer behandschuhten Hand und lief ein paar Schritte neben dem sich langsam in Bewegung setzenden Zug her. Durch Tränen sah sie den Zug langsam aus dem Bahnsteig fahren, starrte auf die zwei roten Schlusslichter, bis auch diese verschwanden.

Den Anblick der verschwindenden Lichter und die weiche Berührung des blauen Nappalederhandschuhs vergaß sie nicht. Als sie schließlich das Gleis entlang zurückging, um mit der S-Bahn nach Hause zu fahren, war bereits keine ihrer Mitschülerin mehr zu sehen.

Sternstunde

Jans Schulfreund hatte einen seiner ersten Auftritte in Hannover. Das junge Streichquartett, das sich wenige Jahre später einen Namen machen sollte, hatte mutig ausgerechnet die letzten Quartette von Beethoven angekündigt. Anna kannte sie nicht, wusste nichts über die Bedeutung dieses schwermütigen Spätwerks und hatte Jan ohne große Erwartungen nach Hannover begleitet. Im Grunde war es mehr der abendliche Ausflug, der sie verlockte, die Fahrt im Cabriolet durch die Nacht, das Zusammensein mit dem jungen Mann, der ihr mit einem bebilderten Brief eine charmante Liebeserklärung gemacht hatte.

Auf dem Hinweg hatten sie über dies und jenes geplaudert. Jan hatte ihr von den Musikern erzählt, die er alle gut kannte, ja mit denen er selbst am Klavier einige Jahre in der Schule musiziert hatte.

Der Konzertsaal in Hannover war groß, halb voll und bar jeder Atmosphäre. Kaum jedoch hatten die vier jungen Musiker begonnen zu spielen, zogen sie das Publikum so sehr in Bann, dass schon nach dem ersten Quartett ein kurzes betroffenes Schweigen entstand, dem ein tosender Beifall folgte.

Nach dem Konzert sprachen die beiden kurz mit den vier Freunden über die Modernität des späten Beethoven, tranken mit ihnen noch ein Glas in der Bar des Konzerthauses, um dann aber nach Hamburg aufzubrechen.

Der Ernst, die Brüchigkeit und unerwartet faszinierende Eindringlichkeit der Musik bewirkten, dass das junge Paar auf der Rückfahrt durch die sommerliche Nacht zunächst schwieg.

Sie fuhren über Land, im offenen Auto unter einem wunderbaren Sternenhimmel. Dann begann zwischen ihnen ein Gespräch über das Geheimnis des Universums, das Leben und den Tod. Ihre Sehnsüchte und Hoffnungen fanden Worte. Anna meinte, noch nie einem Menschen so nahe gewesen zu sein. Später dachte sie oft, dass es diese Nacht war, in der sie Jan ihr Jawort gegeben hatte. Etwas von dieser Nähe blieb zwischen beiden erhalten, ein Leben lang.

Das Astronomie-Studium

Es war schon dunkel, als sie zu ihrer ersten Vorlesung fuhr. Das Semester in Kiel begann im November. Das Zimmer, das sie gefunden hatte, lag in Elmschenhagen, außerhalb von Kiel, sodass sie fast eine Stunde mit der Straßenbahn fahren musste. Das Zimmer war billig, sie hatte nur ein Stipendium nach dem Honnefer Modell von 295 DM. Der von der Familie getrenntlebende Vater fand es überflüssig, dass seine Tochter studieren wollte – das liegt nicht in der Tradition unserer Familie – und spendierte nur ein monatliches Lebensmittelpaket mit einer Dauerwurst und einem Becher Kunsthonig von Langnese.

Die Mutter kam mit dem knapp bemessenen Unterhalt, den ihr Mann ihr überwies, selbst kaum über die Runden. Sie fand den Gedanken zwar wunderbar, dass ihre Tochter den „Doktor machen wollte", aber „eigentlich ist das doch nur ein Titel", pflegte sie diese hochgestochenen Pläne besorgt zu relativieren.

In der Schule war bei der Tochter die Leidenschaft für Mathematik geweckt worden, und durch einen Freund entdeckte sie die Philosophie für sich. Er hatte sie in die Platon-Vorlesungen von Carl-Friedrich von Weizsäcker mitgenommen, die sie dann die letzten zwei Jahre neben der Schule eifrig besuchte. Wie kam sie sich bedeutend vor, wenn sie im Audimax der Uni Hamburg auf den Stufen saß und den großen Professor hörte. Inmitten der vielen Studenten hatte sie stets das Gefühl, alles zu verstehen.

Zu Hause, wenn sie die besprochenen Texte in den grauen Taschenbuch-Ausgaben, die sie sich gekauft hatte, nachlas, blieb dann meist kaum mehr als ein vages Gefühl von Erhabenheit: Philosophie. Ja das war es. Und zwar, so überlegte sie sich, Philosophie der Naturwissenschaft. In der Taschenbuchreihe Rowohlt hatte sie ein paar populäre Bändchen von Einstein, Heisenberg und Planck gelesen, im Physikunterricht gar eine Ahnung von Relativitätstheorie und Quantenmechanik erworben.

Ohne erwachsenen Ansprechpartner, ohne Ratgeber fuhr sie also mit dem Zug nach Kiel und immatrikulierte sich wild entschlossen in Mathematik und Philosophie. Mit Herzklopfen hatte sie sich das Vorlesungsverzeichnis der Uni Kiel in der Buchhandlung am Bahnhof erworben und dann in ihrem kleinen ungeheizten Zimmer in Elmschenhagen begonnen, alle Vorlesungen und Seminare anzustreichen, die sie interessant fand. Und das waren viele. Sie las und las, machte unzählige Kreuzchen, rechnete schließlich und kam auf einen nicht zu bewältigenden Stundenplan. Und natürlich die Studiengebühren… pro Wochenstunde drei Mark im Semester … Dennoch beschloss sie, so viel wie möglich von den vielen verlockenden Seminaren und Vorlesungen zu belegen.

Mit mutiger Naivität schrieb sie sich für Kants Kritik der praktischen Vernunft ein, ohne zu wissen, was sie erwartete. Die größte Begeisterung aber löste das „Pro-Seminar Astronomie“ bei ihr aus. Pro-Seminar, das musste ja genau das Richtige sein, so dachte sie.

Mit Mühe fand sie in der Dunkelheit das abgelegene Gebäude mit dem weißen Schild neben der Tür: Institut für Physik und angewandte Astronomie. Überpünktlich vor Aufregung wunderte sie sich nicht, als sie den Hörsaal noch leer vorfand. Erstaunt sah sie die gestuften Reihen in dem eigentlich kleinen Hörsaal, so etwas kannte sie nur aus dem Audimax in Hamburg. Ehrfürchtig betrachtete sie die leeren Bänke. Als sie Schritte den Gang entlangkommen hörte, sprang sie die Stufen nach oben, setzt sich in die oberste, die letzte Reihe.

Die zwei jungen Männer, die jetzt den Raum betraten, sahen zu ihr auf, ohne sie zu grüßen. Nach und nach kamen etwa zwanzig Studenten, alles Männer und zur ihrer Überraschung alle aus ihrer Sicht furchtbar alt, sicher Mitte oder gar Ende zwanzig.

Punkt acht betrat ein hagerer grauhaariger alter Herr den Hörsaal. Die Studenten klopften kurz zur Begrüßung. Dann begann Professor Weiland, wie er im Vorlesungsverzeichnis benannt war, in singendem sächsischen Tonfall zu sprechen, und die frisch gebackene Studentin verstand kein Wort. Nicht einmal das Mitschreiben gelang ihr, weil die komplizierten Namen der Gestirne und Galaxien, die der Professor um sich warf, ihr unbekannt waren. Als er schließlich über den Ablauf des weiteren Seminars sprach und damit begann, die Referate zu verteilen, senkte sie ihren Kopf tief über ihr Manuskript, tat so, als schriebe sie konzentriert mit, wagte nicht mehr aufzublicken.

Der Kelch ging an ihr vorüber, Professor Weiland sprach sie nicht an, überhaupt nahm niemand sie zur Kenntnis. Nach qualvollen neunzig Minuten applaudierten die jungen Männer und einer nach dem anderen verließ den Saal. Mit klopfendem Herzen blieb die Studentin sitzen, bis der Saal leer war, und ging dann betrübt durch den dunklen Novemberabend zur Straßenbahn.

Ein paar Tage später erklärte man ihr, dass Astronomie ein Aufbaustudium für Diplom-Physiker sei.

Erleuchtung

Das Sommersemester neigte sich dem Ende zu. Sie hatte sich wie stets in die letzte obere Reihe gesetzt. Der große Tiefenhörsaal der Kieler Universität war halb leer. Auch sie hatte mit sich gerungen, ob sie lieber der Einladung von Kommilitonen der höheren Semester folgen und segeln gehen sollte.

Die Grundvorlesung Analysis 1 erwies sich jedoch schwieriger als erwartet. In der Schule hatte sie in Mathematik ohne große Mühe brilliert, an der Universität sah das anders aus. Dieses Fach wählten offenbar nur Studenten, die in der Schule vorzügliche Noten hatten.

Aus Sorge, den Anschluss zu verpassen, hatte sie nie gefehlt. Das hohe Niveau der Vorlesung war vermutlich mehr als das sommerliche Wetter dafür verantwortlich, dass der Hörsaal von Mal zu Mal schlechter besucht wurde, obwohl die dort vermittelten Inhalte Basis für das Pflichtseminar waren, dessen Aufgaben Woche für Woche eingereicht werden mussten.

Nicht schon im ersten Semester scheitern, nahm sie sich vor und arbeitete in einer kleinen Gruppe von Kommilitonen Abend für Abend angestrengt, um das Wochenziel zu erreichen. Sie liebte die Mathematik.

Die Klarheit, die Logik, die Strenge und Eindeutigkeit des mathematischen Denkens faszinierten sie. Immer wieder freute sie der Genuss, eine Aufgabe gelöst oder einen Beweis erbracht zu haben, um dann sagen zu können: Ich bin fertig. Der Doppelstrich mit dem Lineal unter der Lösung erzeugte tiefe Befriedigung und schien ihr in dem wirren Leben der Normalität eine verlässliche Insel mit klaren Strukturen zu symbolisieren. Welch Unterschied zu ihrem zweiten Studienfach Philosophie, in der man sich haltlos verlieren konnte.

Mathematik ließ trotz strenger Vorgaben Platz für Kreativität. Es reizte sie, spielerisch die Wege zur Lösung zu variieren, der Aufforderung des Professors zu folgen und - wie er zu sagen pflegte - eine „elegante" Lösung zu suchen, die kürzeste mögliche Form eines Beweises.

Am schönsten aber war der Moment, in dem man alle vollgeschriebenen Kladdezettel in den Papierkorb werfen konnte, um auf jungfräulich weißem, karierten Rechenpapier sorgfältig die Lösung abzuschreiben. Der ästhetische Reiz eines mathematischen Textes begeisterte sie: die ordentlich untereinanderstehenden Reihen an Zeichen, die liegende Acht für Unendlich, das Summenzeichen, das elegant geschwungene Integral oder die Wurzel, die Aneinanderreihung von Zahlen abwechselnd mit griechischen und lateinischen Buchstaben, die durch Bruchstriche geordneten Elemente eines Textes. Wie schön schien ihr der Anblick der beschriebenen Tafel im Hörsaal.

Ein Reiz lag sicher darin, dass diese Seiten mathematischen Inhalts dem Laien unlesbare Hieroglyphen waren, dem Mathematiker aber bei langsamer, ruhiger Lektüre ein klarer Inhalt mit wohl definierten Aussagen und Bedeutungen. So hatte jede mathematische Textseite außer dem ästhetischen Reiz den Zauber von Geheimnis und verborgenem Wissen.

Ihre Träumereien wurden durch das begrüßende Klopfen der Studierenden unterbrochen. Der weit über Kiel hinaus bekannte Professor hatte das Podium bestiegen. Der schmale, elegante Mann, stets in Anzug und Krawatte, schaute in die Runde, lächelte und sagte: Meine Damen und Herren, ich sehe, jetzt sind wir Mathematiker endlich unter uns. Sie müssen sich immer vergegenwärtigen, dass die Mathematik wie eine schöne Frau ist, sie ist eine wunderbare Geliebte, aber sie ist leidenschaftlich und rasend eifersüchtig. Wenn sie ihr nicht jede Woche einige Nächte widmen, wird sie sie verlassen. Ab nächster Woche gehen wir in den kleinen Hörsaal. So, dann werde ich jetzt noch einmal resümieren.

Der Professor nahm Stoff auf, den er in den ersten zwei Monaten des Semesters behandelt hatte. Es ging um n-Tupel, Räume der n-ten Dimension, also Räume, die außerhalb unserer Vorstellungskraft nicht in dritter Dimension, sondern in bis zu unendlichen Dimensionen mathematisch denkbar sind. Sein Vorlesungsstil hatte sich verändert. Die Sätze schienen klarer, weniger mit Fakten überladen, er sprach langsamer, die Informationen wurden überschaubarer, und es geschah etwas Seltsames.

Die mathematischen Fakten kannte sie, sie war damit umgegangen, hatte die Aufgaben ja auch gelöst. Plötzlich aber glaubte sie, in einer neuen tieferen Art zu verstehen, was n-dimensionale Räume seien. Ihr war zumute wie jemandem, der in einem dunklen Raum gelebt hatte, sich darin auskannte, sicher bewegte, weil er wusste, was wo steht. Plötzlich aber geht Licht an. Er sieht das, was er kennt, sieht es und begreift es anders als bisher.

Die Vorlesung an diesem Sommertag wirkte auf die Studentin wie eine Erleuchtung im besten Sinne des Wortes. Sie hatte gelernt, zu abstrahieren. Später erinnert sie sich oft an diesen Augenblick und wurde die Überzeugung nicht los, dass ihr Denkvermögen an diesem Tag eine sprungartige Entwicklung nach vorne gemacht hatte.

Jitka irrt sich oder Itsy Bitsy Teenie Weenie Yellow Polka Dot Bikini

Ganz Lustnau, ein schwäbisches Dorf in der Nähe von Tübingen, stand Kopf, seit die schöne Tschechin in eine Erdgeschosswohnung direkt neben der Post eingezogen war. Studenten sind in Lustnau nichts Ungewöhnliches. Jitka jedoch übertraf alles, was den biederen Einwohnern des Ortes bisher geboten wurde. In der kleinen, zentral gelegenen Einlieger-Wohnung hatte bis dahin ein solider Jurastudent aus Bremen gewohnt, ein fleißiger hochbegabter Studienstiftler, der früh morgens mit dem Fahrrad zur Universitär fuhr und abends spät zurückkam.

Unter den Kommilitonen war Bernhardt zwar beliebt auf Grund sarkastischer Diskurse, mit denen er seine Lehrer und Professoren gern provozierte, doch wirklich gute Freunde hatte er nur wenige. Er war zu eitel. So erntete er Spott und Hohn, als eine seiner Seminararbeiten abgewiesen wurde, weil er sich selbst mit Texten aus Schulaufsätzen zitierte.

Hinzu kam sicher sein nicht gerade ansprechendes Aussehen. Auf Grund einer schon in der Kindheit aufgetretenen schweren Zuckererkrankung, hatte er eine bleiche ungesunde Gesichtsfarbe, wirkte aufgedunsen durch die vielen Medikamente und phasenweise irritierte sein Anblick durch vollständigen Haarausfall, der auch Augenbrauen und Wimpern befiel.

Sein kühler, ironisch distanzierter Umgangston hielt die meisten Kommilitonen, vor allem die Studentinnen in vielleicht doch ungewolltem Abstand. Umso mehr wunderte sich sein Bremer Jugendfreund Jens, als Bernhardt von einer seiner Reisen in die Tschechoslowakei zurückkam und erklärte, er habe in Prag die Frau seines Lebens gefunden und werde noch im Sommersemester in Tübingen heiraten. Noch mehr wunderte sich Jens, als er Fotos von der Zukünftigen zu Gesicht bekam. Auf den Bildern sah man eine Schönheit. Eine hochgewachsene, dunkelhaarige Frau mit großen, hellen, lang bewimperten Augen, einem Brigitte-Bardot-Mund und offenbar einer ebenso attraktiven Figur. Bernhardt sprach fließend Tschechisch und Russisch. Bei einer seiner häufigen Reisen als Übersetzer hatte er die Studentin der Kunstgeschichte kennengelernt.

Augenzwinkernd berichtete der angehende Jurist, dass besagte Jitka hier und da die eine oder andere Ikone aus Prag auf ihren Reisen mitbrachte und in München recht erfolgreich an eine Zwischenhändlerin verkaufte.

Nach der Hochzeit im Tübinger Standesamt war eine Stocherkahnfahrt auf dem Neckar geplant, und im Anschluss hatte das Paar Jens und seine Frau zu sich in die Wohnung nach Lustnau eingeladen. Beim Aussteigen aus dem Boot entdeckte Jitka große Pilze, die keiner der Studenten kannte. Jitka jedoch sagte mit ihrer rauchigen, tiefen Stimme in gebrochenem Deutsch: Gutt, serr gutt! biss kräftig hinein, füllte ihre Tasche mit Pilzen und beschloss, zu Hause als Vorspeise eine Pilzsuppe zu kochen. Nicht nur Jens war die frohgemute Entscheidung der fremden

Jitka unheimlich. Woher sollte sie sich mit den hier heimischen Pilzen auskennen? So ganz sicher war sich nicht einmal Bernhardt, wie dieser Hochzeitstag zu Ende gehen würde. Es geschah jedoch nichts Ungewöhnliches. Von der Suppe aß vor allem Jitka, die anderen zögerten und konzentrieren sich auf den Chateauneuf du Pape und das Fleischfondue mit den selbst gemachten Saucen. Fondue, das war der Luxus, den sich die Studenten von damals nur zu großen Anlässen wie einer bestandenen Doktorprüfung oder eben einer Eheschließung gönnten.

Im Dorf war Jitka schon bekannt. Sie hatte die zwei Tage vor der Hochzeit genutzt, die Wohnung ihres Mannes höchst persönlich neu zu streichen. Nur mit einem winzigen gelbgepunkteten Bikini bekleidet, der ihre Schönheit nur spärlich bedeckte, hatte sie bei offenen Fenstern die Wohnung in eine Art Tuschkasten verwandelt, indem sie jedes Zimmer in einer anderen knallig bunten Popfarbe gestrichen hatte. Das Ergebnis war in jedem Fall lustig und allenthalben wurde die Perfektion bewundert, mit der Jitka ihr Werk vollendet hatte. Die größte Freude hatten wohl die Lustnauer, die neugierig mit offenem Mund vor dem Fenster zugeschaut oder schamhaft abgewandt und doch scheel zur Seite blinzelnd an den Fenstern vorbeigegangen waren. Auf jeden Fall war Jitka nun ortsbekannt.

Nach der Hochzeit munkelten die Freunde Bernhardts unter sich, dass die Sache doch wohl kaum mit rechten Dingen zuginge. Diese schöne Frau und unser Bernhardt? Sie braucht wohl einen Westpass, hieß es boshaft.

In der Tat währte nicht lange, was sich als Irrtum erwies. Jitka hatte im Vorfeld viel über ihr neues Leben in der Bundesrepublik gelesen. Wohl auf Grund ihrer mangelnden Deutschkenntnisse waren ihr dabei einige verhängnisvolle Fehler unterlaufen. Zunächst hatte sie Tübingen mit München verwechselt. Eigentlich hatten ihr nämlich mit dem deutschen Juristen, von dem sie allerdings zu Recht annahm, er würde rasch zum Professor aufsteigen, ein Leben in einer eleganten Fünf-Zimmer-Wohnung am Englischen Garten vorgeschwebt. Damit konnte die Einlieger-Wohnung in Lustnau nicht recht konkurrieren, selbst so poppig gestrichen, erfüllte sie nicht Jitkas Erwartungen. Der Hauptirrtum lag aber in der Erwartung an das Gehalt ihres Gatten, bei dem sie das Jahresgehalt mit dem Monatsgehalt verwechselt hatte.

Zunächst gelang es Jitka gut, die Enttäuschung zu verbergen, zumal ihr Mann bei dem blühenden illegalen Kunsthandel, den sie über viele Ecken betrieb, eher nützlich als hinderlich war. Doch als es wegen dieser problematischen Ambitionen Jitkas zunehmend zu Streit zwischen dem Paar kam, schließlich – so warf sie ihm vor - war Bernhardt offenbar die Sicherheit seiner Universitätskarriere doch das Allerwichtigste, verlor sie die Geduld. Sie zog nach München zu einer Freundin und legte ihrem Gatten nahe, einer friedlichen Scheidung zuzustimmen.

So geschah es. Jitka bekam ein hübsches monatliches Salär und heiratete noch im Folgejahr einen bayrischen Adligen. Bernhardt wurde einer der jüngsten Jura-Professoren an der Tübinger Universität und heiratete wenig später eine tschechische Ärztin, die ihn zu Tode pflegte. Mit nicht einmal vierzig starb er an seiner Zuckererkrankung.

Hafen-Nachrichten

Lars sitzt auf dem Schreibtisch und diktiert einen Artikel über Arafat durch das Telefon an die Redaktion. Er raucht Roth-Händle dabei und kichert. Lars ist zu jung erfolgreich, um den Erfolg ernst zu nehmen. Sein Bruder Ole hat den Fernseher angeschaltet. Es ist morgens gegen zehn Uhr, im Fernsehen kommen um diese Zeit die Nachrichten aus dem Hamburger Hafen. Detaillierte Informationen über Schiffe, über Löschen und Laden, über Schauerleute, dic an die unterschiedlichen Kais gerufen werden.

Die Brüder amüsieren sich, weil die Nachrichten für sie ohne Belang sind. Der Reiz dieser Fernsehsendung liegt in ihrer Nutzlosigkeit. Lars, der fertig ist mit seinem Artikel, lobt sich: Lars ist wunderbar.

Sein Bruder Ole versenkt sich in eine überdimensionale Kaffeetasse und blättert in einem Reclam-Heft mit einer Cicero-Übersetzung. Ole studiert Altphilologie.

Auf dem Sofa hockt mit angezogen Beinen in etwas zu engen Jeans mit einem noch engeren schwarzen Rollkragen-Pullover die gemeinsame Freundin. Sehr langhaarig mit theatralisch weiß geschminkten Lippen und schwarz umrahmten Kajalaugen betrachtet sie die Brüder. Eher melancholisch als übermäßig amüsiert, schaut hin und wieder auf den Bildschirm. Lars gefällt ihr, aber Ole interessiert sie. Mit ihm kann man reden, versuchen, diese triste Welt zu verstehen. Lars eitle Witzigkeit ermüdet.

Im Fernsehen werden Schiffe aufgezählt und die Anzahl der jeweils erforderlichen Schauerleute genannt, als man in der Wohnung den Hausschlüssel hört. Die Tür zum Wohnzimmer geht auf. Eine blonde Frau – die Mutter der beiden jungen Männer - tritt ein, schaut überrascht mit einem kalten, blauen Blick auf das Trio. Ohne direkt auf das Mädchen zu sehen, das gerade Anstalten macht, die bloßen Füße in die hochhackigen Schuhe zu stecken, beendet sie den idyllischen Vormittag mit schneidender Stimme: Ich habe niemanden eingeladen.

Belästigung

Der Raum ist voller Menschen. Am Büffet drängen sich so viele, dass die Lust, etwas zu essen, vergeht. Immer wieder kurze Begrüßungen, kleine Gespräche. Erkennen ohne die Erinnerung an den Namen. Wie geht's? Danke ausgezeichnet. Was machen Sie denn so. Aha. Ja, immer dasselbe. Ha, ha. Viel Arbeit, macht ja auch Spaß.

An der Getränketheke ist Platz. Ich ergattere ein Glas Wein. Eine kleine hässliche Frau drängt sich zu mir, will mir unbedingt die Hand geben. Ich habe keine frei und will auch nicht.... Sie sieht aus, als ob sie feuchte Hände hat. Ich halte demonstrativ das Glas hoch und schwenke mit der anderen Hand unbeholfen mein Täschchen. Sie packt verständnisvoll mein Handgelenk und schüttelt es so, dass der Wein überschwappt. Ich hatte Recht, sie hat kalte, feuchte Hände.

„Also, ich habe Sie neulich im Fernsehen gesehen. Da hatten Sie ein grünes Kleid an, das steht Ihnen nicht. Und die Brille, die Sie heute bei der Lesung trugen, also die gefällt mir auch nicht. Sie brauchen einen anderen Typ von Brille. Schmal, aus Metall!" Aha. Ich trinke den Wein in einem Zug aus. Ich antworte nicht, weil mir nichts einfällt. „Aber Sie haben so schön gelesen". Na, dann. Danke. „Ja, also wirklich. Total gut."

Ich drehe mich um und gehe zur Garderobe. Mein Glas Wein hätte ich über ihr langweiliges graues Kleid schütten sollen, so ganz aus Versehen.

Ein Hamburger Abend mit Heike

Die beiden Frauen sehen gut und elegant aus, dennoch fallen sie auf in diesem Hamburger Hafenlokal, in dem die Oberklasse der Hanseaten gelegentlich Fisch zu speisen pflegt. Hier trifft man überwiegend Hamburger Eleganz, das heißt im Wesentlichen tragen alle Taubenblau und Grau. Gute Stoffe, Schneiderkostüme und Anzüge nach Maß, natürlich von Ladage und Oelke. Dezente Krawatten, der Herr trägt zur Zeit Streifen, die Damen ein kesses Seidentüchlein in Dunkelblau mit einem Tupfen frecher Farbe, um die elegante Schlichtheit aufzulockern. Die Haare allenthalben relativ kurz, aber nicht zu kurz und auf keinen Fall zu lang. Hübsch ordentlich onduliert. Die Hamburgerin geht regelmäßig zum Friseur.

An dem einen oder anderen Tisch sitzt ein fremdländischer Gast, leicht zu erkennen, und das nicht nur, wenn er eine andere Hautfarbe hat. Nein, ein Gast der weltmännischen Hamburger ist immer als sein Gast zu erkennen. Sie können es, sie sind weltgewandt und sprechen lässig ihr gutes Englisch in wohldosierter Lautstärke und lächeln. Man lächelt in Hamburg. Und der Gast fühlt sich wohl in dieser freundlich unverbindlichen Atmosphäre, in die alles passt, weil sie eine so dezente Folie ist, dass selbst der biedere Schwabe sich an einem Tisch mit seinen Hamburger Geschäftskollegen ausnimmt wie ein bunter Papagei.

Die beiden Frauen ziehen die Blicke auf sich. Sie sprechen mit dem Hamburger Singsang, ihre Kleidung aber hat eher den Chic von Rom oder Paris.

Geschminkt mit farbigem Lidschatten und stärker parfümiert, als die Hanseatin es schätzt, strahlen sie das Selbstbewusstsein berufstätiger Frauen aus, die Erfolg gewöhnt sind. Sie plaudern vertieft, werfen gelegentlich einen Blick durch das Panoramafenster auf den erleuchteten Hafen und nehmen die Aufmerksamkeit ihrer Umgebung mit gleichmütiger Nonchalance nicht zur Kenntnis.

Zurückhaltende, doch pikierte Blicke vom Nachbartisch, leise kleine Bemerkungen über die alleinspeisenden Damen, entgehen ihnen, bis plötzlich ein Ausruf vom Nachbartisch das distinguierte Geklapper des Bestecks übertönt: „Ach nein, welche Überraschung, Ellen, mein Gott, Ellen. Du bist es ja. Wie nett, dich zu sehen." Die kritische grauhaarige Dame am Nachbartisch entpuppt sich als Klassenkameradin der beiden bunten Vögel. „Ach du meine Güte, und du, Anna. Nein so was. Bist du in Hamburg zu Besuch? Wo lebst du denn? In Stuttgart? Wie schrecklich. Kann man das denn? Mein Gott, wir lange ist das alles her. Ich bin Heike, weiß du noch, Heike van der Brügge."

Ja, Anna erinnert sich dunkel, obgleich sie nur mit Mühe in der spitznasigen, grauhaarigen Dame die Schulkameradin Heike mit ihrer blonden, sportlichen Kurzhaarfrisur wiedererkennt. Damals trug sie immer und ewig blaue Blazer mit Messingknöpfen und kam auf einem außerordentlich schicken silberfarbenen Fahrrad in die Schule. Damals vor vierzig Jahren…

Und so wird nach einem kurzen Gespräch beschlossen, dass die drei Frauen sich am darauffolgenden Abend treffen wollen. Eine Vorstellung des am Tische verbliebenen Ehegatten bietet Heike nicht an. Wäre ja nun auch in dem vornehmen Lokal ein bisschen umständlich gewesen. Die Tische stehen doch so eng und überhaupt.

Am nächsten Abend lassen sich unsere zwei es nicht nehmen, die brave Heike zu provozieren. Sie machen sich chic und vor allem, sie entschließen sich, im wahrsten Sinne des Wortes, Farbe zu bekennen, Anna kommt in Giftgrün und Ellen riskiert Pink zu ihren prächtigen, so gar nicht norddeutschen schwarzen Haaren.

Wie vereinbart holen sie Heike zu Hause ab und zwar in dem alten Jaguar Ellens. Ein unpassendes Auto in der Hansestadt. Man findet keinen Parkplatz, weil es zu lang ist und man sieht ihm an, dass die Besitzerin Geld hat. Das gehört sich nicht. Understatement heißt die Losung. Ein Kaufmann zeigt nicht, was er hat, das verdirbt die Preise. Ellens Jaguar ist grünmetallic. Auch das noch. Arme Heike. Unverhohlen neugierig auf das zu Hause der biederen Klassenkameradin, die mittlerweile seit dreißig Jahren Gattin eines bekannten Staatsanwalts ist, brechen sie rechtzeitig auf, um pünktlich bei Heike zu erscheinen.

Als sie in die von Eichen gesäumte Straße mit den hübschen kleinen Villen im Palladio-Stil einbiegen, glauben sie ihren Augen nicht zu trauen. Wer steht, wenn auch frierend, im Nieselregen auf der Straße? Heike. Heike in dem kleinen grauen Boss Kostüm mit dunkelblauen Collegepumps und einem weinroten Seidentüchlein um den schon etwas faltigen Hals geschlungen. Einen kleinen grauen

Schirm mit peinlich großer Aufschrift „Dior“ in der Hand, steht sie da und wartet.

„Ja, wie schön, dass ihr pünktlich seid, ich dachte, ich komm schon mal raus.“ Wahrscheinlich hat sie – sicherheitshalber – schon eine halbe Stunde im Regen gestanden. Verständlich, nicht wahr? Mein Gott, sonst hätte sie doch womöglich ins Haus bitten müssen. Ach nein, das tut sie nicht so gerne. Ihr Mann kennt doch die alten Klassenkameradinnen gar nicht. Was soll das auch. Man erweitert einfach seine Kreise nicht so gerne.

Das Abendessen mit Heike verläuft wie zu erwarten. Sie berichtet mit säuerlicher Miene über dreißig glückliche Ehejahre. „Ne, also, alles prima. Mein Mann ist ja Staatsanwalt.“ Natürlich sind beide Kinder gelungen und spielen wunderbar Hockey. Beruflich haben sie internationale Erfolge, die eine Tochter in Kopenhagen, die andere in London. Ach, wir sind ja so weltmännisch. Schade, dass nur eine verheiratet ist. „Na, wird ja wohl noch kommen.“ Ja, und so ist Heike denn auch ganz glücklich und … so aktiv. Sie ist nämlich ehrenamtlich im Altersheim tätig! „Mein Gott, da sieht man Dinge…“ Aber sie hat ja einen schönen Ausgleich. Sie spielt mit ihrem Mann Golf. „Ach, ich sag euch, Golf ist ja so eine wunderbare Bereicherung. Also wir sind im Club Klein Flottbek. Sind alles nette Leute. Da kann man froh sein, das ist ja heutzutage nicht überall so.“

Die Lebensgeschichte von Anna macht Heike einigermaßen fassungslos. Anna grinst frech und trinkt während ihrer Erzählung über drei Ehen, viele Krisen und ein abenteuerliches Leben – wie wenig damenhaft – gleich mehrere Grappe.

Ellen entgeht den Fragen Heikes. Kein Wort, keine Frage, bis an die Unhöflichkeit grenzend. Ja, ach wie klug ist doch unsere Heike. Sie ist vorsichtig. Schließlich wohnt Ellen im selben Vorort, und dort hat man schon dies und das über sie gehört. Da will man lieber nicht so genau Bescheid wissen. Besser ist besser. Wer weiß, am Ende muss man Stellung beziehen, und wer tut das schon gern. Ellen und Anna bringen die Klassenkameradin natürlich nach Hause. „Ob mein Mann wohl schon zurück ist? Ach ja, da steht ja sein Auto." Ellen und Anna tauschen einen Blick: „Kommt doch auf einen Sprung mit rein." Nein, das eben sagt Heike nicht.

„Na, denn man Tschüss. Vielleicht trifft man sich ja mal wieder." Es war wirklich ein netter Abend mit Heike.

Ein römischer Vormittag

„Guten Tag, entschuldigen Sie bitte, ich habe da ein Problem. Vor drei Wochen habe ich bei Ihnen ein Faxgerät gekauft, das mit Normalpapier funktioniert. Es heißt Papiro. Jetzt scheint aber bereits das Band zu Ende zu sein. Kann das sein?" „Weiß ich nicht. Wie soll ich das wissen?" „Auf dem Display steht Band wechseln, ich habe mich nur gewundert. Wir haben das Gerät ja erst drei Wochen. Also dann nehme ich mal ein neues mit." „Welche Größe?" „Das weiß ich nicht, für das Gerät Papiro eben." „Ja, Sie müssen mir schon die Nummer sagen." „Also, ich habe darauf keine Nummer gesehen, aber Sie haben doch das Gerät im Laden, da kann man doch mal eben nachsehen." „Herr Gott noch mal. Dann muss ich extra den Karton aufmachen." „Ja, das müssen Sie dann wohl eben." „Hier haben Sie eine Rolle, es ist Din A4." „Aber das ist doch kein Druckband, sondern eine Papierrolle. Papiro arbeitet doch mit normalen Schreibmaschinenbögen, nicht mit Papierrollen. Ich brauche das Druckband für Papiro." „Können Sie das nicht gleich sagen?" „Das habe ich gleich gesagt, Ihr Ton ist nicht gerade liebenswürdig." „Die Druckbänder in der Größe haben wir nicht." „Ach du liebe Güte! Was mache ich denn dann? Wann bekommen Sie denn neue?" „Boh…" „Ja also, wann nun, ich muss heute unbedingt eine Rolle haben. Das Faxgerät hat Texte gespeichert, es blinkt und ich muss die Faxe noch heute ausdrucken können." „Heute geht gar nichts. Nächste Woche vielleicht, vielleicht auch übernächste. Keine Ahnung." „Also ich bitte Sie! Dann geben Sie mir eben eines aus der

Packung eines Papiro-Gerätes.“ „Das geht nicht, dann kann ich das Fax nicht mehr verkaufen.“ „Sie haben doch mehrere und werden nicht alle Geräte auf einmal verkaufen. Sie können es doch nachfüllen, wenn Sie wieder die neuen Bänder haben.“ „Nein, das mache ich nicht.“

„Meine Güte, warum denn nicht? Ich habe mir das teure Gerät extra nur für diese paar Monate in Rom gekauft, es ist ja vollkommen sinnlos, wenn ich kein Fax empfangen kann. Es handelt sich um dringliche Angelegenheiten.“ „Alles ist dringlich.“ „Also können Sie dann bitte wenigstens telefonieren und feststellen, wann sie das Druckband haben können.“ „Nein.“ „Aha, nein, können Sie mir denn sagen, wo man außer bei Ihnen dieses Zeug noch bekommen kann?“ „In anderen Telecom-Vertragsläden.“ „So, und wo sind welche in der Nähe?“ „Weiß ich nicht, hier ist eine Liste.“ „Mein Gott, die ist so kleingedruckt, dass man nichts lesen kann. Jetzt schauen bitte Sie für mich nach, wo der nächste ist.“ „Via dei Serpenti.“ „ Nummer?“ „Am Ende irgendwo.“

„Guten Tag, entschuldigen Sie bitte, ich habe ein Problem. Ich besitze ein Faxgerät, das mit Normalpapier funktioniert. Es heißt Papiro. Jetzt ist das Band zu Ende und der Apparat kann nicht ausdrucken. Haben Sie zufällig so ein Druckband?“ „Von welcher Firma ist denn das Gerät?“ „Das weiß ich nicht, es steht nur Papiro drauf, keine Firma, aber es wird von der Telecom Italien vertrieben.“ „Dann gehen Sie am besten in den Laden, wo Sie das Gerät gekauft haben.“ „Da war ich ja gerade. Die haben aber keine mehr.“ „Welche Bestellnummer steht denn auf dem Druckband.“ „Das weiß ich nicht, ich dachte es genügt, wenn man sagt, dass es für das Fax-Gerät Papiro ist.“ „Ja, Sie müssen mir schon eine Bestellnummer sagen.“ „Kann ich bei Ihnen mal telefonieren?“ „Bitte.“ „Schau doch mal bitte auf dem alten Druckband nach, ob da eine Firma, oder eine Bestellnummer draufsteht. Nein? Also, es steht nur Papiro drauf, sonst nichts, keine Nummer?“ „Ja, dann nehmen Sie doch mal diese Bänder hier mit, vielleicht geht es mit denen.“ „Das sind doch Schreibmaschinen-Farbbänder.“ „Ja.“ „Aber es ist doch ein Fax-Drucker. Also kein mechanischer Drucker, sondern irgendwie mit Licht oder Elektrizität oder so.“ „Ja, dann könne wir Ihnen auch nicht weiterhelfen. Ihre Druckbänder haben wir nicht.“ „Himmel hilf, was mache ich denn jetzt? Können Sie die vielleicht irgendwo für mich bestellen?“ „Wir wissen ja gar nicht, was wir bestellen müssen.“ „Könnten Sie nicht vielleicht bei der Telecom anrufen und dort fragen?“ „Also dafür haben wir nun wirkliche keine Zeit.“ „Wissen Sie denn vielleicht zufällig einen Laden, wo ich solche Rollen noch bekommen könnte?“ „In anderen Telecom-Vertragsläden.“ „So, und wo sind welche in der Nähe?“ „In der Via Cavour ist einer.“ „Nein, bitte nicht, dass ist der, wo ich das Gerät herhabe. Da war ich schon.“ „Einen anderen weiß ich nicht, vielleicht versuchen Sie es mal in einem großen Papierwarenladen.“ „Können Sie mir bitte sagen, wo einer in der Nähe ist?“ „In der Via Nazionale.“ „Und wo da? Die ist ja sehr lang.“ „Am Ende irgendwo.“ „An welchem Ende bitte?“ „Oben, bei der Piazza Esedra. Nehmen Sie am besten einfach das alte Band mit, vielleicht haben die es ja. Die haben an sich viel.“

„Vielen Dank, ja das ist eine Idee, dann hole ich es erst einmal."

„Guten Tag, entschuldigen Sie bitte, man hat mir Ihren Laden empfohlen. Es geht darum: Ich besitze ein Faxgerät, das mit Normalpapier funktioniert. Es heißt Papiro. Jetzt ist das Band zu Ende und der Apparat kann nicht ausdrucken. Hier ist das Druckband, das in das Gerät gehört. Haben Sie zufällig so ein Druckband?" „Von welcher Firma ist denn das?" „Das weiß ich nicht, es steht nichts drauf, wie Sie sehen. Hier habe ich auch den Prospekt von dem Faxgerät mitgebracht." „Da steht ja nur Papiro drauf, keine Firma." „Das sage ich ja." „Dann gehen Sie am besten in den Laden, wo Sie das Gerät gekauft haben." „Da war ich natürlich zuerst. Die haben eben keines mehr." „Können die Ihnen denn keines bestellen?" „Ich weiß es nicht. Sie waren jedenfalls furchtbar unfreundlich und haben gesagt, es könnte Wochen dauern, bis Sie eines bekommen." „Na, so etwas. Welcher Laden war denn das?" „In der Via Cavour." „Aha." „Ja, können Sie mir denn nun weiterhelfen?" „Nein. Ich habe noch nie solche Bänder gesehen. So etwas führen wir gar nicht." „Mein Gott, was mache ich denn jetzt?" „Vielleicht versuchen Sie es mal bei Buffetti in der Via Milano, die sind spezialisiert auf Büroartikel." „Ist die Via Milano weit weg?" „Nein. Zweite Querstraße rechts." „Und wo in der Via Milano ist der Laden?" „Links."

„Guten Tag, entschuldigen Sie bitte, ich habe ein Problem. Ich besitze ein Faxgerät, das mit Normalpapier funktioniert. Es heißt Papiro. Jetzt ist das Band zu Ende und der Apparat kann nicht ausdrucken. Haben Sie zufällig so ein Druckband?" „Von welcher Firma ist denn das Gerät?" „Das weiß ich nicht, es steht nur Papiro drauf, keine Firma, aber es wird von der Telecom Italia vertrieben. Hier ist der Prospekt." „Dann gehen Sie am besten in den Laden, wo Sie das Gerät gekauft haben." „Da war ich natürlich schon. Die haben aber keine mehr." „Welche Bestellnummer steht denn auf dem Druckband?" „Keine, hier, ich habe es mitgebracht. Ich dachte, es genügt, wenn man sagt, dass es für das Fax-Gerät Papiro ist." „Das ist was ganz Neues, das kenne ich auch nicht. So ein Druckband habe ich noch nie gesehen. Ihre Druckbänder haben wir nicht." „Mein Gott, ich renne schon den ganzen Vormittag durch Rom. Niemand hat diese vermaledeiten Bänder. Was mache ich denn jetzt? Können Sie die vielleicht irgendwo für mich bestellen?" „Wir wissen ja gar nicht genau, was wir dort fragen sollen? Ja, also dafür habe ich jetzt auch leider keine Zeit mehr, wir schließen über Mittag. Rufen Sie doch selbst bei der Telecom an und kommen Sie heute Nachmittag noch mal vorbei."

„Guten Tag, entschuldigen Sie bitte, ich habe da ein Problem. Vor drei Wochen habe ich ein Faxgerät von Ihnen, also von der Telecom gekauft, das mit Normalpapier funktioniert. Es heißt Papiro." „Ich verbinde Sie mit der Verkaufsabteilung." „Guten Tag, bin ich mit der Verkaufsabteilung verbunden? Ich habe da ein Problem. Vor drei Wochen habe ich ein Faxgerät von der Telecom gekauft, das mit Normalpapier funktioniert. Es heißt Papiro." „Handelt es sich um eine Reklamation? Dann verbinde ich weiter." „Nein! Halt. Es handelt sich nicht um eine Reklamation, das heißt, nur indirekt. Also das Band ist zu Ende, das Druckband. Und ich bekomme nirgendwo Ersatz." „Dann gehen Sie am besten in den Laden, wo Sie das Gerät gekauft haben." „Da war ich natürlich. Die haben aber keines mehr und weigern sich zudem, welche zu beschaffen." „Na, so etwas. Welcher Laden war denn das?" „In der Via Cavour." „Aha." „Ja, können Sie mir denn nun weiterhelfen?" „Nein. Leider nicht. Wir haben auch keine. Wir kommen mit der Produktion nicht nach, es gibt im Augenblick keine mehr. Aber vielleicht finden Sie noch Restbestände in irgendeiner unserer Vertragsläden." „Ja, aber wo finde ich denn Ihre ganzen Läden, ich kann doch nicht die ganze Stadt abklappern." „Rufen Sie am besten erst einmal überall an." „Und wie finde ich die Telefonnummern ihrer Vertragsgeschäfte?" „Also, die fax ich Ihnen." „Herzlichen Dank. Halt, nein, mein Faxgerät druckt doch nicht aus..."

Sonate in b-Moll

Es hätte alles anders kommen sollen. Er war kaum fünf Jahre, als der Pfarrer im Dorf auf sein Talent aufmerksam wurde. Marek hatte nicht nur eine ungewöhnlich schöne Knabenstimme, sondern überraschte durch seine Musikalität. Zigeunerblut, sagten neidische Nachbarn, als Pater Stefan dem vaterlosen Knaben erlaubte, auf der Orgel zu spielen. Mareks Mutter war in den Nachkriegsjahren irgendwann in diesem Dorf angekommen, keiner wusste recht, woher sie kam, keiner fragte groß danach. Es waren so viele, die in diesen Jahren irgendwo hängen geblieben waren, weil es zufällig ein wenig Arbeit und ein Dach über dem Kopf gab.

Der Vater sei im Kosovo ein berühmter Geiger gewesen und habe in Deutschland ein Engagement in einem Orchester gefunden. Es hieß, er habe sie und das Kind nachholen wollen. Mareks Mutter hörte nie wieder von ihm. Zingara – Zigeunerin nannte man die verschlossene Frau wegen ihrer schwarzen Haare und ihres dunklen Blicks. Sie arbeitete als Packerin in der kleinen Konservenfabrik am Rand des Ortes und hatte auch dort kaum Kontakt zu anderen Menschen.

Marek war ihr ähnlich. Er lachte kaum und sprach von sich aus wenig. Die Dorfkinder mieden ihn. Die Kirche wurde sein zu Hause, wenn er singen und musizieren durfte, schien er nichts Anderes zu brauchen. Im Pfarramt fand er Gelegenheit. Pater Stefan gab dem heranwachsenden Kind zunächst eine Gitarre und schließlich eine kleine Geige. Marek aber fühlt sich am meisten zu der Orgel hingezogen.

Du musst erst noch wachsen für dieses Instrument, sagte Pater Stefan, deine Kinderbeine sind zu kurz. Wenn du magst, darfst du abends ein Stündchen ins Pfarrhaus kommen und Klavier spielen. Ich gebe dir Unterricht. Und Marek mochte.

Als Marek mit vierzehn die Dorfschule verlassen musste, beschloss Pater Stefan, den begabten Jungen in der Stadt am Konservatorium anzumelden und auf Kosten der Kirche ausbilden zu lassen. Der Junge enttäuschte nicht. Mit altkluger Ernsthaftigkeit und einer tiefen Leidenschaft widmete er sich der Musik. Noch während der Ausbildung bekam er erste Engagements als Pianist, hatte Erfolg auf Erfolg, bis der Krieg zwischen Serbien und Kosovo eskalierte.

Für Konzerte hatte niemand mehr Zeit und Kraft, geschweige denn Geld. Marek wurde als Soldat eingezogen. Als er nach den ersten vier Monaten Heimaturlaub bekam, fand er das Haus, in dem er mit seiner Mutter während der letzten Jahre gelebt hatte, als ausgebrannte Ruine vor. Von der Nachbarschaft wusste niemand, ob sie den Artilleriebeschuss überlebt hatte. Marek musste an die Front zurück, bevor er etwas über den Verbleib seiner Mutter erfahren konnte.

Er wusste nicht, wofür er kämpfte, er hasste die Gewalt, er hasste die Politiker, die die Völker in diesen Krieg getrieben hatten, und er spürte, wie der Krieg alles in ihm zerstörte, was ihm Lebenskraft gegeben hatte. Als er wegen versuchten Landesverrats vor das Militärgericht gestellt werden sollte, war ihm klar, dass er nur die Chance zur Flucht hatte.

Und er ergriff sie, als während eines Angriffs die eigene Kaserne getroffen wurde. Er war nicht der einzige. Als er nach Wochen halb verhungert in einem Asylantenlager in Deutschland Aufnahme fand, war er krank und kraftlos. Auf Grund der Anzeige des Militärgerichts wurde er als Flüchtling anerkannt und schlug sich als Lagerarbeiter durch.

Manchmal betrachtete er seine Hände, die breit und grob geworden waren. Pianistenhände, hatte Pater Stefan gesagt. Damals. Marek blieb ein Einzelgänger. Manchmal dachte er daran, seinen Vater zu suchen, aber er kannte nicht einmal den Namen. Seine Mutter hatte nie über ihn gesprochen. Die Musik, sie war ihm geblieben. In seinem Zimmer in einem Wohnheim besaß er ein Radio, und sorgfältig kreuzte er in dem wöchentlichen Programmheft alle Konzerte an, die ihn interessierten. Sowie er zu Hause war, hörte er Musik. Er tat nichts Anderes.

Als er genug Geld beiseitegelegt hatte, kaufte er sich einen CD-Spieler und, während seine Kumpel abends in der Kneipe beim Bier zusammenhockten, gab er sein Geld aus, um CDs mit Klaviermusik zu kaufen. Er war noch keine fünfzig, als seine körperliche Kraft nicht mehr für das Lager ausreichte, er war zu langsam und wurde entlassen.

Zu seinem Glück bekam er eine Putzstelle im Rathaus eines Vororts. Die junge Beamtin hatte gezögert, ihn einzustellen, weil er ihr auf den ersten Blick unsympathisch, finster und ungepflegt vorkam. Sein fast zahnloser Mund irritierte sie. Aber als er dann – vielleicht aus Verzweiflung – mit seiner tiefen melodischen Stimme um eine Chance bat und leise sagte, sein Leben sei so anders gelaufen, als er es erhofft hatte, überfiel sie Traurigkeit und der Wunsch, etwas wiedergutzumachen, was andere diesem Mann angetan hatten.

Spät gegen 22 Uhr, wenn alle das Rathaus verlassen hatten, sollte Marek seinen Dienst leisten. Im ersten Stock befand sich der sogenannte Grüne Saal, in dem Festakte der Stadt, aber auch Trauungen und andere größere Veranstaltungen stattfanden. Der Saal war mit einem grünen Velours ausgelegt, weiße Stühle mit ebenfalls grünen Samtpolstern standen in Reih und Glied, und in der Ecke befand sich ein Flügel. Ein Steinway-Flügel.

Als Marek den Raum das erste Mal zum Putzen betrat, blieb er vor Überraschung in der Tür des Saales stehen. Er traute sich kaum einzutreten. Langsam ging er schließlich durch den Raum, direkt zu dem Flügel und strich mit seinen groben Händen sanft über die glatte, schwarz lackierte Fläche. Vorsichtig versuchte er, den Deckel zu öffnen. Er war nicht abgeschlossen. Marek sah sich um, dann schloss er den Flügel. Er putze das Haus weiter, er saugte den grünen Boden, er bürstete die Stuhlpolster und dachte nur an den Flügel. Als er den Raum verließ, das Licht löschte, blickte er aus den Fenstern des Saals auf die erleuchtete Fensterreihe des Nachbarhauses. In einem der Räume sah er eine junge blonde Frau, die offenbar in ihrer Küche arbeitete.

Der Gedanke an das Instrument ließ Marek die ganze Nacht nicht schlafen. Schon am nächsten Abend widerstand er der Versuchung nicht mehr. Er setzte sich an den Flügel und begann zaghaft zu spielen. Zuerst die b-Moll-Sonate von Chopin, es ging, es war leichter, als er es erwartet hatte. Es war, als ob seine Finger sich erinnerten. Er spielte und vergaß die Welt. Als er nach einer Stunde wie aus einem Traum erwachte, aufhörte und mit einem Anflug von Angst, bei etwas Verbotenem ertappt zu werden, fluchtartig den Saal verließ, sah er wieder im Nebenhaus die junge Frau an dem Küchenfenster. Sie winkte und er erschrak, aber sie lachte und klatschte Beifall mit den Händen.

Es verging kein Abend mehr, an dem er nicht im Anschluss an seine Arbeit, die er sorgfältig und gründlich verrichtete, Klavier spielte. Er hatte die Angst verloren, sein Spiel wurde immer sicherer und besser.

Es kam oft vor, dass die Frau gegenüber am offenen Fenster lehnte und ihm zuhörte. Einmal, als sie wieder am Fenster stand, winkte er zurück und legte den Zeigefinger an die Lippen. Sie erwiderte die Geste einer stillen Verschwörung. Dann lachten sie beide, er mit seinem zahnlosen Mund und die blonde junge Frau.

Irgendwann wurde Marek von der Wach- und Schließgesellschaft erwischt, man entließ ihn fristlos. Die junge Frau aus dem Haus gegenüber wunderte sich erst, als sie nach einigen Wochen wiederholt eine Frau in den erleuchteten Räumen putzen sah. Beunruhigt fasste sie sich ein Herz und erkundigte sich im Rathaus, was denn aus dem Putzmann geworden sei, ob er Urlaub habe oder krank sei. Erst nach allerlei Notlügen ihrerseits erhielt sie eine Auskunft und schließlich sogar seinen Namen.

Als sie in dem Wohnheim, in dem er gemeldet war, nachfragte, erfuhr sie, dass der Mann eines

Tages nicht mehr nach Hause gekommen sei. Er habe sein Zimmer ordentlich hinterlassen, ein CD-Player stünde noch immer dort und eine kleine Sammlung klassischer Musik. Obenauf habe ein Trauermarsch gelegen. Aus der b-Moll-Sonate von Chopin. Auch seine Papiere seien noch da. Man fragte sie, ob sie in verwandtschaftlicher Beziehung zu dem Mann stünde, was sie zum Erstaunen des Heimleiters bejahte. „Vermutlich ist er in der Obdachlosen-Szene und wird irgendwann im Winter wiederauftauchen."

„Ja vielleicht", erwiderte Sie. Einige Tage darauf gab sie eine Vermisstenanzeige bei der Polizei auf. Wochen später bekam sie eine Mitteilung, man habe einen Ertrunkenen im Neckar gefunden, auf den die Beschreibung passe. Der Heimleiter identifizierte den Toten als den Vermissten.

Ein indischer Kellner

Mitten in der Saison war Giorgios Bruder mit der ganzen Familie zurück nach Sardinien gegangen, weil sich dort eine günstige Gelegenheit bot, ein eigenes kleines Lokal zu eröffnen. Schwierig für Giorgio, denn in Bozen gibt es viele Lokale und einfach war es nicht, gutes, aber bezahlbares Personal zu bekommen. Der Familienbetrieb hatte sich recht gut gehalten, aber ob er zwei angestellte Kellner tragen würde, war fraglich. Die Küche bewältigte Giorgio auch alleine, er kochte gerne und gut. Seine Gäste aus der Umgebung kannten und mochten ihn. Ob sie aber noch so gern kommen würden, wenn er nicht die Zeit fände, selbst zu bedienen…

Beim örtlichen Arbeitsamt fand er nur zwei Bewerbungen und war im Grunde blind entschlossen, beide zu nehmen, wer auch immer es sei. Beide seien Flüchtlinge. Eine Frau aus Kroatien, die aber schon zwei Jahre in Italien sei, gut Italienisch spreche und in einer Gaststätte gearbeitet habe, die aus familiären Gründen geschlossen wurde. Der andere sei ein schwieriger Fall. Er sei Inder, spreche kaum Italienisch und habe nur eine auf ein Jahr begrenzte Arbeits- und Aufenthaltsgenehmigung.

Die beiden Bewerber kamen gleichzeitig in Giorgios Kneipe, obwohl Giorgio die Kroatin eine Stunde früher eingeladen hatte. Mit ängstlichem Lächeln und hilflos aneinander gereihten italienischen Worten, machte Dedi – so stellte er sich vor - deutlich, er habe Angst gehabt, zu spät zu kommen. Giorgio musste lächeln.

Die Kroatin erwies sich als außerordentlich selbstbewusste junge Person, sie konnte zu Giorgios Überraschung nicht nur Italienisch, sondern auch Deutsch, was in Südtirol günstig ist. Giorgio hörte sich ihre Suada an, ließ sie lange reden, obwohl er längst entschlossen war, sie zu nehmen. Seine Gedanken waren schon bei dem jungen Mann, der draußen vor der Tür auf der anderen Seite der Straße stand. Er starrte auf den Boden, warf gelegentlich einen hilfesuchenden Blick in den Himmel und schaute zaghaft schüchtern immer wieder auf die offene Tür des Lokals, in dem - weit hinten - Giorgio mit seiner Konkurrentin saß. Selbst als diese das Lokal mit triumphierendem Lächeln verließ und grußlos an Dedi vorbeigegangen war, wagte er nicht von selbst, auf das Lokal zuzugehen, bis Giorgio ihn lachend hereinholte.

Er ließ sich die Papiere Dedis zeigen und versuchte, sich mit seinem schlechten Englisch ein wenig mit dem jungen Mann zu verständigen, der lebhaft gestikulierend zeigte, dass er die Tische decken und Geschirr spülen könne. Giorgio sagte ihm für die Saison zu, bot ihm für den Anfang ein sehr bescheidenes Gehalt, ließ aber erkennen, dass es auch mehr werden könne.

Glücklich verließ Dedi das Lokal und ging beschwingt den langen Weg zurück in das Haus am Stadtrand, wo er in einem elenden „Neubau" ein kleines Zimmer, in dem sechs Stockbetten waren, mit elf anderen Indern teilte. Einige von ihnen hatten noch nicht einmal eine Aufenthaltsgenehmigung. Er war also gut dran. So jedenfalls schrieb er in einer SMS seiner jungen Frau, die er in Indien mit drei kleinen Kindern zurückgelassen hatte, um in Italien sein Glück zu versuchen.

Die ersten Arbeitswochen waren härter, als er es sich vorgestellt hatte. Giorgio hatte ihm die wichtigsten Dinge erklärt, die ihn dazu befähigten, als Hilfskellner zu arbeiten. Er deckte die Tische, brachte die Getränke, trug die Speisen auf und räumte wieder ab. Zu sagen hatte er im wahrsten Sinne des Wortes nichts. Da er bisher nur wenige Worte Italienisch gelernt hatte und sein Englisch durch den Akzent auch nicht eigentlich perfekt war, machte ihm das nichts aus. Kontakt zu den Gästen hatte er kaum, er lächelte ihnen liebenswürdig zu und, wenn sie einen Wunsch äußerten, verwies er brav auf die energische junge Kroatin, die im Gegensatz zu ihm sehr rasch das Regiment übernommen hatte.

Schlimm war nur der herrische Ton, mit dem sie den jungen Mann hin und herjagte, ihn ständig tadelte. Zumeist verstand er nicht einmal, was ihr missfiel, und versuchte verunsichert, einfach etwas anders zu machen, um ihr gerecht zu werden. Giorgio war so in der Küche in Arbeit eingebunden, dass er die ungute Stimmung unter seinen Mitarbeitern nicht bemerkte. Anders jedoch die Gäste.

So geschah es, dass ein Stammgast Dedi die Speisekarte zurückgereicht hatte, er brauche sie nicht, weil er in alter Gewohnheit bei Giorgio immer dieselbe Pasta alla Vongole zu essen pflegte. Als er dem jungen Inder die Bestellung aufgeben wollte, verbeugte sich dieser höflich lächelnd und sagte entschuldigend, die Bestellung dürfe er nicht annehmen, das müsse der Herr seiner Kollegin sagen. Ordentlich legte er die Speisekarten auf das Tischchen am Eingang, das dafür vorgesehen war, und wandte sich an seine Kollegin.

Die jedoch schnauzte ihn laut und aggressiv vor allen Gästen an, was ihm einfiele, die Speisekarte vom Tisch zu nehmen, solange sie nicht die Bestellung entgegengenommen habe. Weiter schimpfend nahm sie ihm jede Möglichkeit, sich zu rechtfertigen, bis der Gast einschritt, ihr in aller Ruhe mit energischer Stimme erklärte, der junge Mann habe nur seine Pflicht getan, sich ganz nach seinen Wünschen gerichtet und in jeder Hinsicht korrekt verhalten. Mit großen Augen schaute der Gescholtene überrascht auf den Gast. Die Kroatin ließ es sich dennoch nicht nehmen, den indischen Kollegen grob am Arm zu fassen und ihn mit schriller Stimme aufzufordern, die nächsten Speisen aus der Küche zu holen. Dem Gast warf sie einen kalten Blick zu und blieb jede Antwort schuldig.

Wie immer kam Giorgio, um sich persönlich von seinem Stammgast zu verabschieden, nach dem Essen aus der Küche. Plaudernd tauschten sich die Freunde über das neue Personal aus, aber der Gast warnte den Wirt vor der angeblich so tüchtigen Kroatin und lobte den höflichen, schüchternen jungen Inder.

Giorgio war wieder zurück in seine Küche gegangen, als der Gast aufstand und sich zum Gehen wandte. In diesem Moment kam der indische Kellner eilig an den Tisch, verbeugte sich und küsste ihm leidenschaftlich die Hand. Thank you, sagte er mehrfach leise, thank you so much. Dem Gast kamen die Tränen. Hoffentlich, dachte er, hoffentlich hat Giorgio mir gut zugehört.

Es ist, wie es ist…

Sancho hat das große Los gezogen, erzählten sich die jungen Männer aus Eritrea in der Flüchtlingsbaracke. Der Baron von Syrakus hat ihn als Aushilfe in sein Haus genommen. Zu mehreren waren sie aus Eritrea auf einem regulären Frachter über Ägypten nach Sizilien gekommen. Das Schiff hatte die jungen Männer angeheuert, das ersparte Geld, das die Familien zusammengetragen hatten, kassierte der Kapitän, obwohl sie an Bord und in den Häfen beim Löschen der Ladung schwere Arbeit leisteten. Immerhin kamen sie so sicher, fast legal und ohne große Entbehrungen und Gefahren nach Italien.

Die vollkommene Hoffnungslosigkeit zu Hause, als Schreiner irgendeine Arbeit zu finden, um seine Familie mit sechs hungrigen Kinder zu ernähren, hatte auch den Vater von Sancho bewogen, alles was irgend entbehrlich war, zu verkaufen. Man wollte die jungen Männer mit Geld versorgen, damit sie den Schritt nach Italien wagen sollten. Italien war Sanchos Vater, wie all denen, die die kriegerischen Auseinandersetzungen mit den italienischen Besetzern noch erlebt hatte, nicht gerade eine andere Heimat, aber doch vertrauter und innerlich näher als jedes andere europäische Land.

Als Sancho, der Erstgeborene, nun auch noch mit kaum achtzehn Jahren die schöne Mariam heiraten musste, die Zwillinge von ihm erwartete, musste etwas geschehen, um die Not zu bannen.

Die Überfahrt nach Sizilien gestaltete sich durch allerlei Zufälle als unerwartet einfach. Nicht gewachsen waren Sancho und seine Freunde jedoch der italienischen Bürokratie, den ungeahnten Schwierigkeiten, die sie erwarteten, nachdem sie beglückt italienischen Boden in Catania betreten hatten. Der Kapitän übergab die jungen Männer der Hafenpolizei und dann begann ein Papierkrieg. „Carta bollata“ heißt das Formular, das jeden bürokratischen Schritt in Italien begleitet. Carta bollata ist ein gestempeltes Papier, das es in diversen Größen und in allen Farben des Regenbogens gibt, das man beim Tabacchaio erwerben kann. Je nachdem, was man vom Staat möchte, sieht es anders aus. Jeder Antrag hat seine spezielle Carta Bollata, die man haben muss, um einen Schritt weiter in der italienischen Bürokratie vorzudringen. Aufenthaltsgenehmigung, Arbeitsgenehmigung, Krankenhausbesuch, eine Bestätigung, dass das Auto gestohlen wurde, Passverlängerung, Aufgebot oder Totenschein. Erst die richtige Carta bollata… Meist hat man die falsche bekommen und muss mehrmals zum Tabacchaio laufen, um sich eine andere zu besorgen, und nicht selten ist die, die man gerade braucht, im Moment nicht verfügbar.

Schon für einen Italiener, dort geboren und der Sprache mächtig, ist jeder Antrag ein kafkaeskes Bemühen. Umso schwerer für einen jungen Mann aus Afrika, der mit vier, fünf italienischen Wörtern ausgerüstet das fremde Land betreten hat. Immerhin hatte Sancho es bis in die Flüchtlingsbaracke in Syrakus geschafft, jeder weitere Schritt machte ihm Angst. Wie gelähmt unternahm er zunächst nichts anderes, als durch die Stadt zu streifen.

Und jetzt – ganz unerwartet – kam das große Glück. Auf dem Gemüsemarkt hatte er, wild entschlossen, etwas Geld zu verdienen, eine Dame angesprochen, die einen schweren Einkaufskorb trug. Beherzt bot er mit lebhaften Gesten an, ihr den Korb zu tragen, was sie lachend annahm. Vielleicht war es die Liebenswürdigkeit des jungen Fremden, die hilflose Mischung aus Schüchternheit und verzweifelter Entschlossenheit, die sie dazu bewog, sich bis zum Domplatz vor die Tür ihres Palastes begleiten zu lassen.

Sie bezahlte ihn großzügig und schrieb ihm auf einen Zettel, er könne am nächsten Tag am Morgen gegen acht Uhr wiederkommen. Sancho war selig. Das Schicksal war ihm wohlgesonnen. Gegen ihre sonstigen Gewohnheiten war die Baronin allein ohne ihre Haushilfe auf den Markt gegangen, und zudem fehlten gerade in diesen heißen Spätsommerwochen in den Weinbergen ihres Mannes Erntehelfer.

Die stille und bescheidenen Art Sanchos, sein Fleiß, seine Wohlerzogenheit gefielen auch dem Baron so sehr, dass er dem jungen Mann die wichtigsten Formalitäten für die Aufenthalt- und Arbeitsgenehmigung abnahm, um ihn legal beschäftigen zu können.

Die Bezahlung war zunächst bescheiden, Kost, Logis und etwas Taschengeld. Sancho war fleißig, er erkannte, dass der Baron und seine Frau ihm wohlgesonnen waren, lernte abends in einem Lehrbuch Italienisch und beobachtete die einheimischen Helfer sehr genau, bis er die vielen Handgriffe der Weinbauern sicher beherrschte.

Schließlich ließ ihn die Baronin sogar in der Küche zuschauen, und Sancho bot schon bald an, ein Abendessen in der Tradition seiner heimatlichen Küche zu zubereiten. Die Baronin war von dem Ergebnis entzückt. Du bist begabt. So ergab sich, dass Sancho bald genauso viel Geld erhielt wie die anderen Bediensteten des Hauses und nach ein paar Monaten die erste Summe Geld nach Hause schicken konnte.

Erst als der Baron ihm bei der Transaktion half, erfuhr er, dass Sancho zu Hause in Eritrea schon eine junge Frau und zwei kleine Kinder hatte. Nach einem Jahr erhielt er daher die Erlaubnis, seine Familie zu besuchen. Pünktlich nach einem Monat kam er zurück, zeigte Fotos der schönen jungen Frau und der winzigen Zwillinge. Die Baronin war gerührt und fasste einen Entschluss.

Als Sancho das zweite Jahr in Syrakus verbracht hatte, schlug der Baron Sancho vor, seine Familie nachzuholen. Wenn seine junge Frau bereit wäre, im Haushalt mitzuhelfen, würde er alles in die Wege leiten. Sancho strahlte und sein ganzes Wesen veränderte sich. Er lachte oft, manchmal sang er bei der Arbeit und die Melancholie seines Blickes war einem heiteren Leuchten gewichen.

Der Baron hatte es sich auf Grund seiner Beliebtheit und seiner Position in Syrakus leichter vorgestellt, die junge Frau mit ihren Babys nachzuholen. Sie mussten Sicherheiten hinterlegen, nicht unerhebliche Summen pro Person, im Voraus Arbeitsverträge abschließen, Krankenversicherungen und allerlei mehr. Das Ganze zog sich fast ein Jahr hin, bis es so weit war.

Inzwischen hatte Sancho im Landgut des Barons eine kleine Wohnung zugewiesen bekommen, die Baronin hatte sie schlicht, aber liebevoll für die neuen Hausbewohner eingerichtet und Sancho hatte alle Wände strahlend weiß gestrichen.

Dann war es endlich so weit. Mariam kam mit ihren beiden kleinen Mädchen, schwarz gelockten, großäugigen Kindern mit ernsten Gesichtern. Zunächst schien alles wundervoll. Die Baronin war mit Mariam genauso zufrieden wie mit Sancho. Trotz der kleinen Mädchen half sie effektiv, willig und freundlich im Haushalt. Der Baron – von manchen seiner Freunde verspottet, er würde seine Güte und seine Großzügigkeit noch bereuen - war stolz und froh über die neue Situation.

Es war die Baronin, die ihren Mann zuerst darauf ansprach, ob ihm nicht auffalle, dass Sancho wieder den melancholischen Ausdruck in seinen Augen habe, nicht mehr singen würde wie noch vor kurzem. Sie habe ein ungutes Gefühl. Sancho ist traurig, sagte sie.

Es war noch kein Jahr vergangen, als Sancho anfragte, ob er den Urlaub wieder in Eritrea verbringen dürfe, mit seiner Familie. Wegen meiner Eltern… fügte er unsicher hinzu. Also, die kann ich nun nicht auch noch holen, erwiderte der Baron lachend etwas unwillig. Nein, nein, so sei das ja auch nicht gemeint… Ganz leise sagte er: Mariam hat Heimweh.

Der Urlaub wurde bewilligt, aber nach einem Monat kam Sancho allein zurück. Mariam hat zu viel Heimweh, sagte Sancho. Sie wird für immer in Eritrea bleiben. Die Kosten und Mühen, die gerade bewilligte Aufenthaltsgenehmigung für Mariam und ihre Kinder rückgängig zu machen, waren erheblich. Sancho ist in Syrakus bei den Baronen geblieben. Einmal im Jahr fährt er nach Hause und jeden Abend kommt eine SMS seiner kleinen Töchter, die ihm gute Nacht wünschen.

Wir konnten ihm nicht helfen, sagt die Baronin. Es ist, wie es ist.

Non posso più – ich kann nicht mehr

Die Saison war vorbei. Die kleine Bar unten am Strand aber war immer noch geöffnet, obwohl die Sonnenschirme und die blauen Liegen längst abgeräumt waren. In Amalfi gab es noch ein paar Gäste, aber der kleine pittoreske Ort Alatri – eine Busstation vor dem weltberühmten Ferienort – war leer und still.

Man konnte Andreas Bar vom Ort aus nicht sehen, weil sie sich unter dem Viadukt verbarg. Drei kleine Tische standen auch jetzt noch davor. Es waren auch im Sommer nicht mehr. Die Kommune hatte ihm die Lizenz genommen, um dem Betreiber des Strandbades mehr Raum zu geben.

Das war in diesem schrecklichen Sommer vor fünf Jahren, als alles zusammenkam. Der freundliche Tourist, der sich auf dem Rückweg von Amalfi zu Andrea verirrt hatte, war nicht der erste, dem Andrea seine Geschichte erzählte.

Andrea war alt geworden in diesen wenigen Jahren. Sein langes, immer noch kräftiges lockiges Haar war silbergrau, sein gebräuntes charakteristisches Gesicht mit kräftigen Zügen verriet, dass er kaum älter als fünfzig sein konnte. Sein Körper schien noch kraftvoll, aber seine hellen Augen hatten einen traurigen Ausdruck, und sein mit monotoner Stimme vorgetragener Bericht, den er manisch jedem Gast erzählte, wenn es irgend möglich war und jener Italienisch konnte, hatte die Melancholie eines Verwirrten, der es nicht mehr schafft, sich der Realität zu stellen.

Sein Blick verlor sich auf dem Meer, wenn er erzählte, wie seine schöne Frau – unerwartet, wie er sagte – nach England zurückging. Es war ihr wohl zu einsam im Winter. Schlimm war, dass sie die drei Kinder mitnahm. Und Giorgio der Ältere war doch schon fünfzehn Jahre gewesen und hatte ihm geholfen, damals, als seine kleine Bar noch ein großes Strandcafé mit vielen Tischen war. Aber man wollte ihm ja die Lizenz nicht verlängern und deshalb - so hatte seine Frau ihm gesagt - brauchst du ja Giorgio sowieso nicht mehr.

Und so war sie mit allen drei Kinder nach England zurückgekehrt. Sie wollte nicht, dass er sie besuchte, und dass die Kinder allein nach Italien reisten, fand sie unverantwortlich. Für Giorgio seinen Ältesten war das wohl zu schlimm. Denn noch bevor der erste Sommer vergangen war, es war an Ferragosto, kam eine kurze Nachricht von seiner Frau, Giorgio habe sich an seinem sechzehnten Geburtstag erhängt.

Seitdem hörte er nur einmal im Jahr von ihr, wenn sie ihm schrieb, um wie viel er seine monatlichen Zahlungen erhöhen sollte.

Non posso più, endete Andrea seine Geschichte immer, wenn er an dieser Stelle angekommen war. Non posso più. Dann stand er abrupt auf, ging in seine Bar und kam mit dem Scontrino, um von seinem Gast die Zeche zu kassieren.

Auf die verlegen tröstenden Worte, die der eine oder andere Gast ihm zu sagen versuchte, antwortete er immer nur wieder mit demselben Satz: Non posso più.

Ein vielversprechender Anfang oder Liebe am Donnerstag

Sie war die Schönste, die Klügste, die Reichste und die Liebenswerteste in der Klasse 13a des Hamburger Gymnasiums an der Elbe.

Ina hätte Haare, die aussähen wie die Mützen der Leibwächter von Queen Elisabeth, fanden die Zwillinge Elke und Silke. Kein Wunder, dass sie neidisch waren, hatten beide zwar wundervolle Sopranstimmen, doch unattraktive dünne hellbraune Kurzhaarfrisuren.

Ina erregte Neid aus vielen Gründen. Nicht nur, weil sie ungewöhnlich hübsch war mit ihren schweren glänzenden Haaren und den großen freundlichen Bernsteinaugen. Zu alledem war sie auch noch wohlhabend, stammte aus einer alten Hamburger Arztfamilie und wohnte mit ihren Eltern in einer noblen Wohnung an der Elbchaussee. Mit achtzehn bekam sie von ihren Eltern einen roten MG, mit dem sie in die Schule fuhr, was ihr von der konservativen Schulleiterin der Mädchenschule des Elbvororts prompt verboten wurde. Ein Verbot, das sich aber leicht umgehen ließ, indem Ina in der Parallelstraße am Golfplatz parkte. Sie war die einzige Schülerin mit einem Auto, ja selbst die Lehrerinnen hatten fast alle keines, bis auf die exotische Zeichenlehrerin, die mit einer grünen Isetta kam.

Inas Leistungen in der Schule waren blendend, ohne dass sie sich besonders anzustrengen brauchte, ihre Umgangsart war gelassen, freundlich, geduldig und vielleicht ein bisschen träge. So kam es, dass sie zwar nicht geliebt, aber auch nicht geärgert wurde.

Ihre beste Freundin in der Klasse war eine Außenseiterin wie sie, wenn auch aus geradezu diametral anderen Gründen, aber die beiden mochten und verstanden sich.

In der Unterprima verliebte sich Ina in Hannes, einen Schleeschüler. Ausgerechnet einen Schleeschüler...da konnte Hannes noch so gut aussehen, noch so gut Tennis spielen, die Klassenkameradinnen von Ina fanden diese Wahl „total daneben...“ Eine Schülerin der Mädchenschule am Hochrad wählte ihren Freund doch besser unter den Schülern des Christianeums, eines altsprachlichen Jungen-Gymnasiums gleich um die Ecke, aber doch nicht aus der Realschule am Rande von Osdorf.

Ina und Hannes jedoch waren so verliebt, dass sie unerfahren der heftig erwachten Leidenschaft mit allen Konsequenzen nachgaben, sich tief berührt, romantisch ewige Treue und sogar die Ehe versprachen.

Wenn Ina selbst über den Vorurteilen ihrer Umwelt zu stehen schien, war es doch ein Problem, denn sie wurde zu den Partys ihrer Klassenkameradinnen nur ohne Hannes eingeladen. Der junge Mann seinerseits verkehrte mit Freunden, die von den hochnäsigen Mädchen des Othmarscher Gymnasiums nichts wissen wollten und ihn baten, doch lieber ohne Ina zu kommen. Hamburger bleiben – fein säuberlich nach Stand und Wohnorten geordnet – gerne unter sich. So kam es, dass dem jungen Pärchen das Zusammensein nicht einfach gemacht wurde. Schon nach wenigen Wochen wurde Ina zugetragen, ihr Hannes habe auf einer Party in den Armen einer anderen gelegen. Tief enttäuscht erklärte Ina das Ende ihrer Beziehung und „machte Schluss".

Sie tröstet sich mit Mike, der eigentlich Michael hieß, und wurde trotz oder gerade wegen Vorsichtsmaßnahmen wie dem Knaus-Kalender – die Pille gab es damals noch nicht – nach wenigen Wochen schwanger. In den Herbstferien, mitten in der dreizehnten Klasse, ließ sie einen sogenannten Froschtest machen. Leicht verlegen machte der Verkäufer in der Apotheke am Gänsemarkt ihr die freudige Mitteilung: Herzlichen Glückwunsch, positiv. Fassungslos verließ sie mit ihrer ungleichen Freundin die Apotheke, fast wären sie beim Überqueren der Straße in ein Auto gelaufen, um auf der anderen Seite dem in der Martinibar wartenden jungen Mann die frohe Botschaft zu überbringen. Die Martinis, die sie sich dann zu dritt bestellten, halfen nicht gegen die Panik. Was tun? Selbst diese Frage stellte sich damals kaum. Abtreibung war illegal, mit nicht einmal achtzehn Jahren in Hamburg einen Arzt zu finden, der sich dazu bereit erklärt hätte, war im Grunde aussichtslos. Erschwerend kam hinzu, dass Inas Vater in einer hohen Position der Ärztekammer sich gerade öffentlich leidenschaftlich gegen die Legalisierung der Abtreibung eingesetzt hatte. Mein Vater wäre ruiniert, wenn ich das tue und es herauskommt. Das kann ich ihm nicht antun.

Es schien den jungen Leuten damals im Grunde nur eine Lösung zu geben: Ina und Mike mussten heiraten, wozu der junge Mann sich mit einer Mischung aus Angst, Verzweiflung und Heroismus spontan bereit erklärte.

Das Trio diskutierte zu Hause nächtelang darüber, wie es weitergehen sollte. Als am Ende der Herbstfreien Inas Eltern von ihrer Reise zurückkamen, wurden sie eingeweiht in die unerwartete Situation, und es war bewegend, wieviel souveräne Unterstützung Ina bei ihnen fand. Man beschloss, niemanden sonst, weder die Geschwister noch die Eltern von Mike, einzuweihen und die Schwangerschaft geheim zu halten, in der vagen Hoffnung, dass Inas Zustand nicht erkannt würde und sie das Abitur im Februar noch machen könnte.

Glücklicherweise gab es damals die absurde Mode, in Mänteln im Klassenzimmer zu sitzen. Ina trug einen dunklen Dufflecoat, der ihre zunehmenden Rundungen gut verbarg. Ansonsten unterstütze sie die Freundin, indem diese ständig laut an Ina herum quengelte, sie äße zu viel Schokolade und würde aus lauter unnötigem Abiturstress wirklich zu dick. Die letzten Wochen nach den schriftlichen Prüfungen wurde Ina bis zum mündlichen Abitur von ihrem Vater krankgeschrieben. Am Tag des mündlichen Examens erschien sie in einem roten Chanel-Kostüm, das die Eltern ihr hatten schneidern lassen. Es war so geschickt geschnitten, dass es zumindest Zweifel darüber offenließ, was mit Ina los war.

Eigentlich war sie auf Grund ihrer guten Leistungen vom mündlichen Abitur befreit, wurde aber dann doch im Klassengespräch noch geprüft – die Lehrer waren wohl skeptisch geworden –, was sie aber so gut bewältigte, dass man sie nolens volens mit Erfolg entlassen musste. Während die anderen Schülerinnen sich also noch in Einzelprüfungen beweisen mussten, konnte die beiden Freudinnen das Schulgebäude mit dem Vermerk „bestanden" verlassen. Selig zogen sie in die nahe gelegene Einkaufsstraße zu dem einzigen Café namens Weka und aßen einen gigantischen Eisbecher.

Der Skandal Ina ist heute kaum vorstellbar. Damals war die Reaktion ungeheuerlich. In der durch und durch konservativen reinen Mädchenschule waren schon drei Mädchen vor ihr mit Schimpf und Schande aus der Schule geflogen, als ihre Schwangerschaft publik wurde. Dieses Mal hatte sich die Skepsis zu spät eingestellt und die Lehrerinnen konnten sich nur rächen, indem sie Ina ein so miserables Zeugnis ausstellten, dass der Vater erwog, dagegen zu klagen. Er unterließ es dann aber doch. Die Unterlagen der schriftlichen Arbeiten waren damals per Gesetz erst nach zwanzig Jahren einsehbar, und die Hochzeit, der wenig später geborene Knabe Rainer, all das machte die Empörung der Lehrer zunehmend unwichtig.

Einen Numerus clausus gab es damals nur für Medizin. Ina begann also auch mit dem mittelprächtigen Zeugnis ein Studium der Psychologie, das sie blendend absolvierte, um im Anschluss eine steile Kariere als Werbemanagerin bei L'Oreal zu machen, die ihr zusätzlich zu dem familiär vorhandenen Vermögen in finanzieller Hinsicht ein angenehmes Leben ermöglichte.

Wie anders verlief ihr Privatleben…

Sie „mussten" eben heiraten, wie damals – aus heutiger Sicht kaum mehr nachvollziehbar – so viele junge Paare. Entsprechend entwickelte sich ihre Ehe trotz guten Willens von beiden Seiten zunehmend zu einer Interessengemeinschaft, die – je größer der

Sohn Rainer wurde – außer Gewohnheit immer weniger Erfreuliches erkennen ließ.

Wie es Inas Charakter entsprach, erwog sie keine dramatische Trennung, sondern suchte sich zunehmend Freiräume durch Dienstreisen nach Paris, den Othmarscher Tennisclub und lange Spaziergänge an der Elbe. In dieser Zeit – ihr Sohn war etwa zehn und bereits im Gymnasium – saß sie eines Tages in der Nähe von Teufelsbrück auf einer Bank, als auf der Elbpromenade, dem vielleicht beliebtesten Spazierweg der Hamburger, ihr ehemaliger Freund, ihre erste und eigentlich einzige große Liebe Hannes vorbeiging. Er sah sie nicht, aber sie rief: Hannes! Dieser Zufall änderte das Leben beider für immer. Tatsächlich für immer, für Ina bis zu ihrem Tod mit siebzig Jahren.

Hannes setzt sich zu ihr, sie unterhielten sich, zunächst überrascht, freudig und neugierig. Auch Hannes war inzwischen verheiratet, hatte aber keine Kinder. Sie redeten und redeten. Die Zeit war stehen geblieben, sie knüpften dort an, wo sie aufgehört hatten.

Ina trennte sich von ihrem Mann, nahm eine eigene Wohnung. Der Sohn Rainer kam – was ohnehin geplant war – in ein Internat, das die sportliche Begabung des Kindes förderte. Inas Mann Mike nahm die Trennung gleichmütig hin und legte sich nach kürzester Zeit eine Freundin zu, die er bald nach der Scheidung von Ina auch heiratete.

Anders verhielt sich Hannes, er bleib bei seiner Frau, weil sie - so vermittelte er immer wieder Ina – so sensibel sei, dass er einen Selbstmord befürchtete. Sie dürfe nie von seiner Liebe zu Ina erfahren.

Pünktlich jeden Donnerstag kam er jedoch am frühen Mittag zu ihr, blieb bis in den Abend und ging dann.

Nachdem Ina die eigene Wohnung bezogen hatte, stellte sie Hannes vor die Alternative, sich auch von seiner Frau zu trennen oder sonst eben doch auf sie zu verzichten. Hannes blieb bei seinem Entschluss, versicherte ihr mit Blumen, Briefen und dramatischen Liebeserklärungen, nur sie seine große Liebe, aber er könne einfach nicht anders… aus Menschlichkeit und Angst vor den Folgen.

Ina gab nach. Ich liebe ihn zu sehr, erklärte sie ihrer Freundin. Wenn wir zusammen sind, ist es das große Glück. Einfach wunderbar. Ich kann nicht ohne ihn leben. Zwei, drei Mal versuchte sie noch, ihn umzustimmen. Dann fand sie sich damit ab. Ihre Freundin blieb dieser Verzicht unbegreiflich. Ina jedoch bleib heiter und gelassen, erklärte lächelnd, sie glaube nicht, dass je ein Mensch so geliebt wurde wie sie. Es gebe nur Schönes zwischen ihr und Hannes, keinen Alltag, keinen Schatten, keine Langeweile. Immer nur Glück. Wer kann das von sich sagen.

Dass sie auf alles verzichten musste, auf gemeinsame Freunde, auf gemeinsame Erlebnisse aller Art, auf Theaterbesuche, Reisen, ja auf gemeinsame Nächte, auf ein gemeinsames Erwachen, all das war belanglos in der Relation zu dem, was er ihr gab.

Einmal versuchte sie mit einem anderen Mann eine Liaison. Endlich, jubelte ihre Freundin. Er ist nett, er verwöhnt mich, er liebt mich vielleicht sogar, aber es geht nicht, gestand Ina schon nach einem Monat. Ich will nur Hannes. So blühte diese geheime Liebe unverändert über vier Jahrzehnte.

In den letzten zehn Jahren Ihres Lebens kümmerte sich Ina mit der ihr eigenen Gutmütigkeit rührend um die verwitwete alte Mutter, verzichtete auf alle Reisen und verließ in dreißig Jahren Hamburg nur einmal, um drei Tage mit der Freundin auf Mallorca zu verbringen. Aus Sorgen um die Mutter blieb sie in Hamburg, aber natürlich war es darüber hinaus der Donnerstag mit Hannes, der sakrosankt alles dominierte.

Ein viertel Jahr vor Inas siebzigsten Geburtstag starb die fast hundertjährige Mutter, und Ina versprach, endlich einmal die Freundin in Süddeutschland zu besuchen, sie wolle nur vorher zum Arzt, sie habe ständig Kopfweh. Es kam zu keinem Wiedersehen mehr, der Arzt diagnostizierte einen nicht operablen Hirntumor.

Die Diagnose trug Ina stoisch wie alles in ihrem Leben. Hannes kam in den letzten Wochen ihres Lebens täglich. Unmittelbar vor ihrem Tod gestand ihr Hannes, dass auch er einen Sohn mit seiner Ehefrau habe, der die eigentliche Ursache für sein Verharren in der Ehe gewesen sei. Trotz dieser jahrzehntelangen Lüge war Inas Liebe machtvoller als alle Kränkungen, die sie erfahren musste, sie bereute nichts.

Da sie Hannes zu ihrem Alleinerben einsetzte, dürfte dessen Frau spätestens dann die Wahrheit erfahren haben.

Die Liebe zu Carlos

Gisela war die mittlere der drei Geschwister. Veronika, kurz Vroni genannt, hatte ihr vom ersten Tag ihrer Geburt an die Show gestohlen. Vroni ist einfach goldig, sagte die ganze Familie. Im Grunde war Gisela, die man niemals Gila oder sonst wie abkürzen durfte, denn eigentlich waren in der Familie Abkürzungen verpönt, die Hübschere der beiden Schwestern. Sie war ungemein grazil, hatte große kohlschwarze Augen, eine feine, zierliche Nase und einen schmalen, hübsch geschwungenen Mund. Vroni war dagegen pummeliger und in allen Details die etwas üppigere, nicht so ebenmäßige Ausgabe der Schwester. Aber gerade in ihren rundlichen Formen, dem Schmollmund, dem runden Stupsnäschen, den - wenn auch helleren - Kulleraugen, lag ihr Charme. Gisela ging mit zierlichem, sanftem Schritt durch die Welt, Vroni schlenkerte ein wenig schaukelnd, so als könnte sie jeden Augenblick das Gleichgewicht verlieren, mit der Liebenswürdigkeit einer gespielten Ungeschicklichkeit, die dabei jedoch durch und durch ihrem wirklichen Wesen entsprach.

Vroni lachte tapfer, noch mit Tränen in den Augen, wenn sie hingefallen war oder sich weh getan hatte, und warf sich mit dem letzten Schluchzer entschieden an die Brust des nächsten Trösters. Gisela weinte fast nie, sondern litt still und schwieg scheinbar vorwurfsvoll, ohne sich anderen in ihrem Kummer anzuvertrauen, im Eckchen ihres Kinderzimmers.

Daran änderte sich bei beiden im Laufe ihres Lebens wenig, obwohl der große Bruder Heinz, durch und durch ein listiger Kobold, mit Witz und dem psychologischen Überblick des älteren Bruders, viel dazu beitrug, dass Gisela nicht allzu sehr benachteiligt wurde.

Heinz war als erstgeborener Sohn die Freude und Hoffnung des strengen Vaters, der als pietistischer Pfarrer glaubte, seiner Familie absolute Vorbildlichkeit der Gemeinde gegenüber abverlangen zu können. Was ihm bei seiner ihn abgöttisch liebenden und bewundernden Ehefrau gelang, sollte bei dem Söhnchen rasch scheitern.

Heinz, obwohl seinen hübschen Schwestern sehr ähnlich, war äußerlich und innerlich die Karikatur aller beider. Der Kopf zu schmal, die Lippen zu voll, die Nase zu lang, die Gliedmaßen schlaksig dünn, der Gang pendelnd und unelegant. Sein kullerndes Lachen jedoch so frech und wagemutig, seine Phantasie so kreativ und ungewöhnlich, sein Wille so unbeugsam und zäh, dass die Strenge des religiösen Vaters und der konzentrierte Versuch der Mutter, Heinz zum Gehorsam zu zwingen, restlos scheiterten. Es dauerte Jahre, bis sie resignierten, vielleicht nur deswegen, weil sie endlich verstanden hatten, dass der eigenwillige Knabe voller Begabung steckte und mit unverwüstlicher Gutmütigkeit ausgerüstet all der ständigen Ermahnungen und Steuerungsversuche für sein Leben nicht bedurfte.

Vroni entzog sich den elterlichen Bemühungen durch Schmusen und einer dem Bruder vergleichbaren Unbezähmbarkeit. Mit dem Lernen hatte sie wie Heinz kaum Probleme, so dass die elterlichen Bemühungen sich im Wesentlichen auf Gisela konzentrierten, die sich in allen Dingen des Lebens schwerer tat.

Sie saß noch an ihren Hausaufgaben, wenn die beiden anderen im Garten Baumschlösser bauten, sie musste noch Flöte üben, weil die anderen bereits auf dem elterlichen Klavier ihrer Pflicht vierhändig mit Talent und ohne großen Aufwand nachgekommen waren.

Sie schaffte mit Fleiß die mittlere Reife und verließ die Schule trotz guter Zeugnisse aus Überzeugung, für das Abitur zu dumm zu sein. Vroni bestand das Abitur leidlich, nachdem sie eine Ehrenrunde drehen musste, weil die Verliebtheit in einen Medizinstudenten ihr alle Zeit zum Lernen und heimliche Liebesnächte die nötige Aufmerksamkeit in der Schule geraubt hatten. Heinz bestand sein Abitur mit ein paar Einsern, ohne dass er eigentlich je gelernt hätte, und entschloss sich, auf die Kunstakademie zu gehen, obwohl seine Mutter wochenlang die Nächte hindurch weinte und sein Vater ihm mit Enterbung drohte, sollte er sich beruflich der sündhaften Kunst widmen. Jeden Mittwochnachmittag gegen fünf besuchte er seine Eltern zur Kaffeestunde, mit liebenswürdigem Humor ließ er sie teilhaben an dem, was er erlebt hatte, ohne dass sie auch nur Zeit gefunden hätten, mit ihren Einwänden zu Gehör zu kommen. Von dieser Gewohnheit ließ er nicht ab, bis seine Mutter als betagte Greisin mit achtundneunzig Jahren starb.

Seinem eigenwilligen Charakter widersprachen eheähnliche Bindungen zu Frauen, an denen er dennoch nie Mangel litt. Seine Mutter und seine Schwestern, vor allem die drollige Vroni, die ihr

Leben von einem Abenteuer zum nächsten schaukelte, ohne je die Geborgenheit zu finden, nach der sie sich zu sehnen meinte, waren ihm Gefährten genug.

Gisela war schon eine junge Frau von Mitte zwanzig, als sie bereits auf zehn solide Berufsjahre als Buchhändlerin zurückblicken konnte. Sie blieb aus Gewohnheit bei den Eltern wohnen, half ab und zu dem inzwischen berühmten Bruder bei der Vorbereitung seiner Ausstellungen oder hütete den kleinen Sohn von Vroni, die ihre erste Scheidung bereits hinter sich hatte und - selbst erfolgreiche Redakteurin - mit einem weltmännischen Schriftsteller zwischen Rom und Frankfurt pendelte.

Kurz bevor Vroni sich das zweite Mal verheiratete, raffte sich Gisela auf, eine Reise anzutreten, die ihr die beiden Geschwister zum Geburtstag geschenkt hatten. Sie fuhr mit einer Reisegesellschaft nach Spanien, denn allein zu fahren, hatte sie Angst gehabt. Vorgesehen waren einige Tage in Madrid und anschließend eine Woche am Meer in der Nähe von Barcelona.

Im Prado wurde ihre Gruppe zu einem Stehempfang eingeladen, bei dem sie ein Vertreter der spanischen Tourismus-Vereinigung begrüßte. Der blendend aussehende Mittdreißiger sprach Gisela während des Empfangs auf Spanisch an und war überrascht, ihren gebrochenen Sprachkenntnissen zu entnehmen, dass sie keine Spanierin sei. Fasziniert von ihrer südländischen Schönheit, gepaart mit der fremden stillen Mentalität, der absolut nicht mediterranen Ruhe, die sie ausstrahlte, setzte er das Gespräch über die Gebühr fort und tauschte schließlich mit ihr die Adressen, als er erfuhr, dass sie im Anschluss nach Barcelona weiterführe, der Stadt, in der er zu Hause war.

Danach ging alles sehr schnell. Mit spanischem Temperament machte ihr Carlos den Hof, wie es sich Gisela in kühnsten Träumen nicht vorgestellt hatte. Carlos fand Gisela wunderbar, die ideale Frau schlechthin, sein Typ, dabei die liebenswürdige, schüchterne Sanftheit, die er bei den spanischen Frauen nur noch in der Literatur fand. Belesen und kultiviert, aber dennoch keine Spur von unerwünschter Emanzipation. Carlos hatte sich in Gisela nicht geirrt. Sie war durch und durch die Frau, die er sich gewünscht hatte. Er stellte sie noch vor ihrer Rückreise nach Deutschland seinen Eltern vor und reiste ihr nach kurzem Briefwechsel nach, um bei Giselas Eitern um ihre Hand anzuhalten.

Waren die spanischen Verwandten schon nicht gerade entzückt gewesen von dem Gedanken, eine protestantische Deutsche als Schwiegertochter zu bekommen, so waren die Eltern von Gisela hell entsetzt. Ein Spanier, ein Katholik. Doch das Allerschlimmste war wohl für die ganze Familie, die Aussicht, dass Gisela ins Ausland gehen würde. Da würde die freundliche Hilfe im elterlichen Haushalt fehlen, die liebevolle Tante, die den kleinen Sohn von Vroni spazieren führte und in den Schlaf schaukelte, wenn Mama ihren Poeten zu einer Lesung begleitete. Auch Heinz besorgte sich um seine doch ach-so-hilflose Schwester, die noch nie von zu Hause fort gewesen war und jetzt allein der Unbill eines glutäugigen Spaniers ausgeliefert werden sollte. Nichts half. Die Leidenschaft und die Entschiedenheit des Bräutigams ließen in Gisela selbst keine Zweifel aufkommen. Im Gegenteil, zum ersten Mal in ihrem Leben wurde sie sich bewusst, dass die Geborgenheit in ihrer Familie für sie - einem Korsett ähnlich - zwar Halt, aber auch Enge bedeutete. Eine eigene Familie in Spanien haben zu können, erschien paradiesisch.

Die Hochzeit fand in Spanien statt. Die schwäbische Familie reiste komplett zu diesem Zweck nach Barcelona, und die üppige, herzlich laute Art der Südländer, Feste zu feiern, berauschte selbst die pietistischen Eltern so sehr, dass sie – ein wenig gekränkt durch die überraschende Loslösung der einst so gefügigen Tochter – schließlich versöhnt nach Hause zurückkehrten.

Die ersten zehn Ehejahre waren nicht unglücklich. Gisela brachte drei prächtige Kinder zur Welt, zwei Söhne und zuletzt eine Tochter, ganz so, wie es die spanische Verwandtschaft sich gewünscht hatte. Carlos Leidenschaft ließ im Laufe der Jahre nach, aber er blieb seiner hübschen Frau zunächst in Zärtlichkeit gewogen. Gisela bemerkte zwar schnell, dass die neue Freiheit andere Unfreiheit bedeutete, da ihr Mann von ihr mit größter Selbstverständlichkeit die Erfüllung aller seiner Wünsche und Vorschriften erwartete, aber sie gewöhnte sich daran, sich und ihr Leben in den Dienst anderer zu stellen, und litt nicht darunter. Die Mutterschaft stimmte sie überglücklich, und das große Haus, der angenehme Wohlstand ihrer Verwandtschaft, das gesellige Leben in Barcelona, all das bewirkte, dass die bescheidene Gisela lange nicht damit haderte, dass ihr Mann wenig Sinn für ihre Interessen hatte. Erst als die Kinder aus dem Gröbsten heraus waren, und Gisela sich mehr und mehr ihrer stillen Freude, Romane zu lesen, zuwandte, begannen die Unterschiede zwischen den Eheleuten virulent zu werden.

Carlos vermisste die sexuelle Zuwendung seiner Frau, die von einer Geburt zur anderen immer mehr nachgelassen hatte, und Gisela litt unter der oberflächlichen Halbbildung ihres Mannes, der zwar gerne mit Freunden zum Essen ging, aber zu keinem Opern-, Konzert- oder gar Theaterbesuch zu überreden war. Immer häufiger bekam Carlos jähzornige Anfälle, warf bei solchen Gelegenheiten Bücher von Gisela aus dem Fenster in den Garten oder, schlimmer noch, er zwang sie im schlimmsten Streit mit roher Gewalt dazu, sich ihm hinzugeben.

In dem Jahr, als die Tochter ins Gymnasium kam und der älteste Sohn bereits sein Abitur machte, kam im Sommer Giselas Bruder Heinz zu Besuch. Entsetzt beobachtete er die Entfremdung der Eheleute und die Leiden seiner eingeschüchterten Schwester. In einer Nacht- und Nebel-Aktion nahm er seine Schwester in seinem Auto mit zurück nach Deutschland.

Tatsächlich war Gisela so zerstört durch die Entwicklung ihrer Ehe, dass sie die Wärme des elterlichen Hauses dankbar genoss, zumal die Mutter – inzwischen Witwe – milder als früher und glücklich über die unerwartete Rückkehr ihrer ältesten Tochter war. Heinz versuchte in einer mühsamen ausführlichen Korrespondenz, Carlos von der Notwendigkeit der Scheidung zu überzeugen und eine einvernehmliche Lösung für die Kinder zu finden. Carlos antwortete zunächst nicht.

Stattdessen schaltete sich die spanische Familie ein und gab zu verstehen, dass die Scheidung für eine katholische Familie nicht in Frage käme. Das Haus stünde der Rückkehr der Ehefrau offen. Da die Kinder ohnehin in der Nähe von Barcelona im Internat waren, akzeptierte man, dass Gisela die Ferien mit den Kindern in dem Sommerhaus der Familie bei Valencia verbringen könne.

Offenbar hatten auch die Kinder unter den Streitigkeiten der Eltern so sehr gelitten, dass sie ein gutes Verhältnis zu ihrer Mutter bewahrten, obwohl diese die Familie, wie der Vater immer wieder betonte, böswillig verlassen habe.

In den ersten Monaten nach ihrer Rückkehr in die heimatliche Kleinstadt schlief Gisela wie nach einer unbeschreiblichen Strapaze täglich bis gegen Mittag. Als sich jedoch herausstellte, dass Carlos nicht daran dachte, seiner Frau auch nur einen geringen Betrag zum Lebensunterhalt zu überweisen, machten ihr Mutter und Bruder deutlich, dass es so natürlich nicht weitergehen könne.

Zwar hatte Gisela – so als wäre sie nie fort gewesen – sofort wieder alle Pflichten für den mütterlichen Haushalt übernommen und dadurch sogleich die anderen beiden Geschwister wesentlich entlastet, aber es mangelte an Geld. Heinz, zwar inzwischen wohlbestallter Professor, brauchte sein Einkommen, um sein Atelier zu finanzieren, ganz zu schweigen von den Unkosten für seine elegante Kleidung, seinen Jaguar, sein Häuschen am Comer See und anderes mehr.

Vroni, zum zweiten Mal geschieden, rappelte sich mit Mühe durch das Leben, indem sie in einem Verlag als Redakteurin arbeitete. Mit Vronis Hilfe gelang es dann auch, Gisela eine Stelle in einer Buchhandlung zu besorgen, die ganz in der Nähe des Elternhauses lag, in dem Gisela zumindest bequem und kostenfrei wohnen konnte. Die Mutter, hilfsbedürftig durch schwere Arthrose, zunehmende Schwerhörigkeit und schlechtes Sehen, profitierte von Giselas Fürsorge ebenso wie die Geschwister Vroni und Heinz, die nicht mehr täglich nach der Mutter schauen mussten. Nach weniger als einem Jahr waren die Rollen gut eingespielt.

Gisela ging früh in die Buchhandlung, um in ihrer Mittagspause die Mutter, die lange schlief, bei ihrem Frühstück zu unterhalten. In späteren Jahren unterstütze eine Krankenpflegerin die Prozedur des Aufstehens und Waschens, das die Mutter schließlich nicht mehr alleine bewältigte. Abends, wenn Gisela aus der Buchhandlung nach Hause kam, brachte sie die nötigen Dinge für ein Abendessen mit. Danach saßen beide Frauen nebeneinander, die Mutter widmete sich ihren Hörbüchern und Gisela las Romane. Gegen neun Uhr ging Gisela schlafen, während die Greisin weiter bis tief in die Nacht ihren CDs lauschte oder Radio hörte.

An den Wochenenden kamen die Geschwister abwechselnd oder Gisela wurde auch gelegentlich zu kleinen Festen oder Einladungen dazu gebeten, zumal sie sich geschickt nützlich machte durch die Zubereitung von Salaten oder Schnittchen.

Die Jahre vergingen. Gelegentlich kamen die inzwischen erwachsenen Kinder aus Spanien zu Besuch. Manchmal berichteten sie vom Vater, der nach wie vor alleine in der großen Villa in Barcelona wohnte. Nichts hatte sich geändert. Er war allein geblieben. Keine andere Frau hatte Giselas Platz eingenommen.

Die Kinder hatten in Spanien Fuß gefasst und fühlten sich nicht als Deutsche. Gisela ging auf die Rente zu, die Summe Geld, die sie erwartete, war klein, schließlich blickte sie auf weniger als zehn Jahre sozialversicherungspflichtiger Arbeit zurück. Heinz und Vroni begannen, sich Sorgen zu machen. Allerdings blieb von der Rente der Mutter ein Teil für Gisela, die ja die Hauptlast der Pflege trug. Dennoch, so wurde es Gisela selbst klar, war ihre Rente zu klein, um ihre wahrhaft bescheidenen Anforderungen an das alltägliche Leben zu erfüllen.

Eines Abends, als sie - lange vor sich hin starrend - neben der schweigsamen Mutter gesessen hatte, die mit ihren Knöpfen im Ohr in irgendeiner anderen Welt war und vor sich hin kichernd ein Glas Wein nach dem anderen trank, stand sie auf und holte die alten Briefe von Carlos aus ihrer Kommode.

Sie las und las. Sie las, bis die Mutter endlich in ihr Schlafzimmer tappte und mit Hilfe der Tochter ausgekleidet im Bett war. Und auch danach las sie gegen ihre Gewohnheit weiter, las alles, was sie aus der Vergangenheit aufgehoben hatte. Alle Briefe, alle alten Tagebuchaufzeichnungen. Sie blätterte in den alten Fotoalben, und ihr Leben in der schwäbischen Kleinstadt, an der Seite ihrer greisenhaften Mutter, erschien ihr mit einem Male entsetzlich einsam, entsetzlich traurig. Es wurde schon hell, als sie alle Papiere ordentlich wieder in die Schubladen räumte.

Sie kochte sich einen starken Kaffee, rief in der Buchhandlung an, dass sie krank sei und nicht kommen könne, dann setzte sie sich an den Schreibtisch und schrieb einen Brief an Carlos. Sie erklärte ihm ihre Situation, sie sagte ihm, dass sie nicht wisse, wie sie ihr Alter bestreiten solle, und sie bat ihn, ein Gespräch mit ihr zu führen. Am Nachmittag brachte sie den Brief zur Post und sandte ihn per Einschreiben und mit Eilboten an Carlos.

Es dauerte keine Woche und das Telefon klingelte. Carlos teilte ihr trocken und ohne Umschweife mit, dass er gern mit ihr sprechen wolle. Er bat sie, für eine Woche nach Barcelona zu kommen, damit sie in Ruhe miteinander reden könnten. Es waren zehn Jahre vergangen, seit sie sich zuletzt gesehen hatten.

Als Gisela ihrer Familie mitteilte, dass sie beabsichtige, nach Spanien zu reisen, um mit Carlos über ihre Zukunft zu reden, löste sie sowohl bei Heinz als auch bei Vroni Panik aus. „Warum reichst du nicht endlich einfach die Scheidung ein? Wie kannst du zu diesem Mann fahren, der dich so behandelt hat? Du bist schwach, er wickelt dich ein. Und wer kümmert sich in deiner Abwesenheit um die Mutter? Sie darf auf keinen Fall erfahren, dass du zu Carlos fährst. Das überlebt sie nicht. Das überlebt sie wirklich nicht. Das kannst du ihr nicht antun. Lass uns die Sache übernehmen. Wir gehen zu einem Anwalt."

Sie redeten und klagten und redeten und regten sich maßlos auf. Gisela, sonst leicht einzuschüchtern, war von einer unerwarteten Sturheit. „Ich fliege noch diese Woche", sagte sie. „Ich habe ihn verlassen, ich trage meinen Anteil an Schuld.

Ich kann nicht einfach fordern. Ich muss mit ihm reden."

Und sie flog nach Barcelona.

Zu Hause rangen die Geschwister die Hände. „Wir sind in Sorge um Gisela", sagten sie und waren in Sorge um die Mutter und waren in Sorge um sich selbst. Nach drei Tagen rief Gisela in Deutschland an und teilte mit, dass sie den Monat in Barcelona bliebe. Sie und Carlos hätten sich viel zu erzählen über die zehn Jahre, die sie ohne einander verbracht hätten. Sie seien beide einsam gewesen. Sehr einsam. Sie verbrächten schöne und gelassene Tage miteinander. Es gäbe noch vieles, das sie klären müssten. Sie brauchten Zeit.

Heinz war drauf und dran, nach Spanien zu fliegen und seine Schwester abzuholen, sie zu befreien, von dem gefährlichen Verführer, der seine gefügige Schwester sicher ein zweites Mal ins Unglück stürzen würde. Das Telefongespräch mit seiner Schwester machte ihm klar, dass es keinen Sinn hätte, sie zu holen. Gisela hatte sich entschieden, zu Carlos zurückzukehren. „Wir haben verstanden, dass wir einander brauchen, wir sind andere geworden. Wir wollen das Geschenk unserer Freundschaft leben."

Gisela teilte ihren Geschwistern mit, dass sie für kurze Zeit zurück nach Deutschland käme, um ihre Sachen zu holen, die Auswanderung einzuleiten und ihre Rentenangelegenheiten zu klären. „Und Mutter?", fragte Vroni. „Für Mutter müsst ihr eben eine andere Lösung finden. Ich war zehn Jahre für sie da." „Das überlebt sie nicht", sagte Heinz. „Sie ist siebenundneunzig Jahre alt", sagte Gisela. „Sie hat ihr Leben gelebt. Ich habe keine Zeit mehr."

Dann überstürzten sich die Dinge. Gisela kehrte zurück und bereitete zügig ihre endgültige Abreise vor, ohne sich auf Diskussionen mit den Geschwistern einzulassen. Carlos hatte eine kleine Operation vor sich, als sie abfuhr, und rief sie vom Krankenhaus an, eine Woche, nachdem sie wieder in Deutschland war. Er sagte, die Ärzte hätten ihm mitgeteilt, die Operation sei ernster, als sie es vorausgesehen hätten. Es ginge um weit mehr als einen Bypass. Sie nahm das nächste Flugzeug zurück nach Barcelona.

Im Krankenhaus war sie an seinem Bett, als er aus der Operation erwachte. Sie hielt seine Hand. „Schön, dass du bei mir bist“, sagte Carlos. Er starb noch am selben Tag.

„Dir ist viel erspart geblieben“ sollte ein Telegramm von Heinz und Froni trösten.

Doch der Schock führte bei Gisela zu einem Zusammenbruch, sodass zunächst an eine Rückreise nach Deutschland sowieso nicht zu denken war. Als sie sich erholt hatte, antwortete sie ihren erstaunten Geschwistern: „Ich bleibe in Spanien, bei Carlos. Für immer.“

Kleine Gefälligkeiten oder Manche Wunden heilen schwer

Das Häuschen in den Vogesen hatten sie sich vor ein paar Jahren gekauft, um am Wochenende dort in Ruhe arbeiten zu können. Georgs Bilder hatten sich einige Jahre gut verkaufen lassen und Sonja hatte überraschend eine Dozentur an einer Privatuniversität erhalten, sodass sie ihren schriftstellerischen Ambitionen nachgehen konnte, ohne den Druck des Erfolges zu spüren. Sie schrieb nur noch für einen kleinen Kölner Verlag, weil es ihr Freude machte. Unter den Freunden fand das Künstlerehepaar die Anerkennung, die ihm genügte.

Beide liebten das kleine Haus über die Maßen und freuten sich jedes Mal, wenn sie auf den kleinen Weiler am Rande des Eichenhains zu fuhren. Sie hatten sich einen Traum damit erfüllt. Seit sie sich kannten, waren sie immer wieder durch Frankreich gereist, hatten jedes Jahr einige Tage in den Pariser Museen verbracht. Sie liebten das Land, seine Kultur, das französische Essen und sogar seine Sprache, die sie allerdings beide nach wie vor nur leidlich beherrschten.

Insgesamt gab es in dem kleinen Weiler nur sieben Häuser, die recht dicht aneinander gedrängt eine hübsche Einheit bildeten. Weniger harmonisch schienen die Einwohner zu sein, wie Sonja im Gegensatz zu Georg bald bemerkte.

Der Makler, ein liebenswürdiger Franzose, hatte sie gewarnt, als sie sich um das Haus bewarben. Die Leute hier in der Gegend lieben die Deutschen nicht sehr. Die Erinnerung an die Erlebnisse im Krieg ist über die Generationen lebendig geblieben. Können Sie wenigsten gut Französisch? So lala, mussten beide gestehen.

Die Lage des Hauses war aber so hübsch und die Erreichbarkeit von Freiburg so günstig, dass sie alle Bedenken in den Wind schlugen. Ein kleiner Badesee in nächster Nähe, gute Einkaufsmöglichkeiten im nächsten Dorf, was will man mehr. Zudem fanden beide den Kompromiss, in einem Weiler zu wohnen, ideal. Man hatte Nachbarn, wohnte also nicht in besorgniserregender Einsamkeit, und doch war der Ort ruhig, in ländlicher Stille, ohne Autoverkehr und städtischen Lärm.

Die französischen Nachbarn, überwiegend Bauern, die von Obstanbau oder Wein lebten, zeigten sich zunächst auch freundlich, blieben aber den Neuankömmlingen gegenüber mit höflicher Distanz beim Sie. Das ist in Frankreich so üblich, sagte Georg. Untereinander duzen sich zwar alle, aber sie kennen sich ja auch schon lange. Zu Sonjas Freude hatte sich sogar eine der älteren Frauen angeboten, allerdings gegen recht kräftige Bezahlung, nach dem Rechten zu sehen, wenn sie nicht dort waren, ja sogar das wöchentliche Putzen und Blumen gießen in dem kleinen Garten zu übernehmen.

Die erste Überraschung erlebte Sonja, als sie plötzlich feststellte, dass die Holzdielen, die sie, vom Vorgänger übernommen, im Schuppen gelagert hatten, um sie im Winter im Kamin zu verheizen, spurlos verschwunden waren. Der junge Nachbar von gegenüber hatte sich einen Balkon daraus gezimmert und lud sie auf ihre Frage, wo denn das Holz geblieben sei, ein, sein Werk zu besichtigen. Das habe ich mit den Balken aus eurem Schuppen gebaut, berichtete er heiter, ohne auch nur ein Wort der Erklärung oder gar der Entschuldigung. Ich dachte, ihr braucht das eh nicht, ergänzte er schließlich, als Sonja erstaunt schwieg.

Ist doch egal, meinte Georg gutwillig. Kann man doch verstehen. Georg verstand immer alle, er war den Menschen wohl gesonnen, er freute sich an ihrem leutseligen nachbarlichen Geplauder. Sonja gelang das nur schwer. Im Juni waren die Johannisbeeren sämtlich geerntet, und als die Früchte an dem einzigen Zwetschgenbaum reif waren, fand sie alle unteren Äste abgepflückt. Liebevoll brachte Martine ein Stück Zwetschgenkuchen vorbei. Ich dachte, ihr kommt doch nicht dazu, die Zwetschgen alle zu ernten, und wir hatten dieses Jahr keine auf unserem Baum.

Martine war es auch, die im Jahr darauf alle Pfingstrosen abgeschnitten hatte, weil sie Besuch erwartet hatte, und - nun ja - die Künstler aus der Stadt, die kommen doch eh nur am Wochenende. Diese Art von kleinen Gefälligkeiten nahm zu. Sonja verdarb diese nachbarliche Liebe zunehmend die Stimmung, während Georg sich durch Verdrängung schützte. Ach, die meinen das nicht so. Ich kann nicht arbeiten, wenn ich mich ärgere, man muss sie nehmen, wie sie sind. Eigentlich sind doch alle nett.

Sonja fand das nicht. Auch sie konnte nicht arbeiten, wenn sie sich ärgerte, und der Ärger in ihr nahm zu. Georg bestand auf friedlicher Nachbarschaft und riet zu einer kleinen Einladung im Garten, zu der alle Nachbarn kommen sollten. Sie kamen auch.

Sonja gab sich, wenn auch wider Willen, alle Mühe. Sie hatte eine üppige Gulaschsuppe gekocht und ein großes Blech mit Apfelkuchen zubereitet. Es gab reichlich Wein, einheimischen, damit alle sich wohl fühlten. Man scherzte und spottete – wohlwollend, wie Georg es empfand – über die Unfähigkeit der deutschen Städterin, über Sonjas nicht gelungenen Versuche, Blumen anzupflanzen, über Georgs Versagen, den Rasenmäher zu reparieren. Wir sind euch alle ja so dankbar, wiederholte Georg, wie kämen wir denn hier mit unserem Häuschen zurecht ohne euch.

Die Situation wurde schwierig, als Georg leicht beschwipst, heiter plaudernd immer mehr kleine französische Fehler machte, ja, ab und zu ein deutsches Wort einfügte, weil das französische ihm gerade nicht einfiel. Sonja bemerkte die spöttischen Gesichter der Franzosen, die sich - was den Wein anging - zurückgehalten hatten, hörte, wie einzelne Gäste Georg ironisch nachahmten und schließlich mit provozierenden Fragen begannen, ihn lächerlich zu machen. Zunächst versuchte sie die Provokationen schweigend zu übergehen. Schließlich konnte sie sich nicht mehr anders helfen, als dass sie abrupt aufstand, erklärte, es sei spät geworden und sie dächte, es sei besser, jetzt schlafen zu gehen. Georg tat ihr leid, in seiner heiteren Stimmung waren alle Kränkungen an ihm vorübergegangen, und als tatsächlich alle ebenso abrupt gingen, weil Sonja dazu aufgefordert hatte, bat er noch betrübt, man möge doch bleiben, und überhörte die spitzen Bemerkungen, die sich auf seine Frau bezogen.

Georg ging schlafen, ohne gemerkt zu haben, was geschehen war. Sonja räumte lange und gründlich auf. Sie hatte einen Schmerz in der Brust, als sie fertig war und sich alleine draußen in den Garten setzte, auf das dunkle kleine Haus sah, in dem nur aus dem Treppenhaus noch eine grüne Laterne leuchtete, die sie von einer Spanienreise mitgebracht und dort aufgehängt hatten.

Es überfiel sie Wehmut bei dem behaglichen Anblick und eine düstere Vorahnung, als sie auf die umliegenden wenigen Häuser sah, in denen inzwischen nirgends mehr Licht brannte. Sie dachte an den Krieg, die Erzählungen ihrer Eltern, den Vater, der in französischer Gefangenschaft war und bis zu seinem Tode nicht aufgehört hatte, gegen Frankreich zu hetzen. In eurem Haus in Frankreich besuche ich euch nie. Wie viele Abende hatten sie vergeblich versucht, ihn von der wiedergewonnenen Freundschaft zwischen den Deutschen und den Franzosen zu überzeugen. Ich kann nicht vergessen, was ich damals mitgemacht habe, wiederholte er stur und unbelehrbar.

Die Nacht schlief sie unruhig.

Am kommenden Morgen fuhren sie wie vorgesehen zurück nach Freiburg. Drei Tage später kam der Anruf von der französischen Polizei. Im Haus sei es – offenbar durch einen Kurzschluss – zu einem Brand gekommen. Es sei nicht viel passiert, nur die Küche sei ausgebrannt. Als Georg und Sonja im Nachbarort am nächsten Tag dem französischen Polizeioffizier gegenübersaßen, waren sie überrascht, wie warmherzig und verständnisvoll der alte Herr ihnen begegnete. „Das alles tut mir unsäglich leid." Er bot ihnen freundlich einen Kaffee an, dann begann er in gutem Deutsch davon zu erzählen, dass genau dort in jenem kleinen Weiler, in dem ihr Häuschen stand, deutsche Soldaten im zweiten Weltkrieg ein Blutbad angerichtet hätten. Es ist lange her, sagte er, und es ist nicht Ihre Schuld. Aber die Menschen dort sind mit den Erzählungen ihrer Eltern groß geworden. Sie haben noch nicht vergessen. Manche Wunden heilen schwer.

Auf dem Heimweg beschlossen sie, das Haus zu verkaufen.

Mord im Dorf oder Irgendwie muss das Leben ja weitergehen

Das Dorf war einfach herrlich, so idyllisch, meinte seine Frau. Seit bald zwanzig Jahren fuhr Jens jeden Herbst mit Ilse in dieses bayrische Dorf. Schau mal, überall Blumenkästen. Nicht so grau wie die Häuser in Kiel. Sie hatte ja recht, alles war so adrett hier, dabei bunt und heiter, so schien es. Ihm behagte bei aller Postkartenschönheit das Ambiente wenig. Die Berge bedrängten ihn eher, als dass sie ihn freuten, Wandern langweilte ihn, und die laute Fröhlichkeit der Bayern, an der Ilse juchzend teilnahm, entsprach ganz und gar nicht seinem norddeutschen Naturell.

Ilse hingegen meinte, in diesem Dorf eine zweite Heimat gefunden zu haben, fühlte sich mit den bäuerlichen Einwohnern „befreundet", wie sie sagte. Jens kam sich nach wie vor fremd vor, als Städter, als Norddeutscher, als Protestant. Er wäre lieber in Kiel geblieben, sonntags mit seinen Kollegen zum Segeln gefahren und abends in der Stadt mit Ilse ins Kino oder in eine seiner Stammkneipen gegangen.

Wie jeden Sonntag in den bayrischen Herbstferien ließ es sich Ilse nicht nehmen, in die Dorfkirche zu gehen. Sie, die in Kiel nicht einmal Weihnachten einen Gottesdienst besuchen wollte, genoss in „ihrem Dorf" das „Brimbamborium" der katholischen Messe, wie ihr Mann es abfällig nannte.

Jens zog es vor, sich wie stets die FAZ am Sonntag zu holen, sich hinter den Geranientöpfen auf die

Terrasse des Löwen gegenüber der Kirche zusetzen und einen Schoppen Weißwein zu trinken.

Am Zeitungsstand herrschte diesen Sonntag ungewöhnliches Gedrängel. Aufgeregt redeten die Einheimischen laut und gestikulierend in ihrem Dialekt untereinander, sodass Jens zunächst nichts verstand. „Mord in bayrischem Traumdorf" stand auf der Bild am Sonntag. Jens kannte die Frau des Paares, das auf der Zeitung in Großformat abgebildet war, und kaufte das Blatt.

Die schmale zierliche Blondine war Kellnerin im Löwen gewesen, er hatte sie oft gesehen, wenn er mit Ilse vor dem Schlafengehen noch ein Gläschen Rotwein im Gasthof trank. Sie bediente nur abends und schien stets die letzte Schicht zu machen. Er hatte sich darüber gewundert, als er erfuhr, dass sie vier relativ kleine Kinder habe. Ihr Mann war Ortsvorsteher des Nachbardorfes, ein angesehener wohlhabender Bürger, und verfügte sicher reichlich über finanzielle Möglichkeiten, die das Arbeiten seiner Frau unnötig gemacht hätten.

Ilse hatte die näheren Umstände bald herausgefunden. „Sie" könne gut abends arbeiten gehen, weil die Familie im Haus ihrer Eltern wohne und die Großeltern nachts die Kinder hüteten, und „er" habe so viele Ehrenämter, bei den Jägern, bei der Feuerwehr und weiß Gott wo, da sei es ihr halt abends oft langweilig zu Hause. Im Löwen habe die „kleine Frau" – so Ilse – dann ein wenig Abwechslung.

Jens hatte den Ortsvorsteher nie bewusst gesehen. Jetzt auf dem Foto sah er einen riesigen Mann um die Fünfzig, von dem Bild am Sonntag zu berichten wusste, „der stattliche Bürgermeister" habe weit über zwei Zentner gewogen. Die zierliche kindhafte Frau an seiner Seite reichte ihm nicht einmal bis zur Schulter.

Am Samstagmittag war er in das gemeinsame Wohnzimmer getreten und hatte offenbar mit seiner Frau so laut gestritten, dass die Schwiegereltern es durch das ganze Haus gehört hatten. Das Thema kannte man auch schon, sie habe sich von ihm trennen wollen, sie habe die Scheidung einreichen wollen... Ohne Grund, so die Bildzeitung, denn weder von ihm noch von ihr sei bekannt, dass es da jemanden anderen gegeben habe.

Daraufhin hat der Mann das Zimmer Türe schlagend verlassen, eine seiner Jagdpistolen geholt und zurückgekehrt seine Frau, die auf dem Sofa sitzen geblieben war, mit sechs Schüssen hingerichtet. Mit der siebten Kugel hat er sich durch den Mund selbst getötet. Die Angehörigen der Frau haben die Schüsse gehört und konnten gerade noch verhindern, dass die unmündigen Kinder den Raum betraten. Der schauerliche Anblick der toten Eltern blieb ihnen erspart.

Im Löwen gab es kein anders Gesprächsthema. „Wie kann es sein, dass dieser erfolgreiche, wunderbare allseits beliebte Mann das getan hat."

„Das" war vor allem der Mord an der „Mutter seiner vier Kinder". Als Ilse aus der Kirche kam, war auch sie bereits in die Schreckenstat eingeweiht. Die verstehen alle nicht, warum sie ihn verlassen wollte, meinte Ilse.

Wahrscheinlich aus demselben Grund, warum sie abends lieber im Löwen arbeitete, als im Bett auf ihren Mann zu warten, der dann irgendwann nach Mitternacht angetrunken von seinen Vereinssitzungen kam, um…, Jens unterbrach sich und schwieg. Die Verschiedenheit des Paares war ihm auf dem Foto in ihrer Unvereinbarkeit so bewusst geworden, dass er sich nichts weiter vorstellen wollte.

In der kommenden Woche ihrer Ferien wurde kaum von etwas anderem als von dem Mord, dem Selbstmord und der Zerstörung einer Familie gesprochen. Neue Fakten gab es nicht, die Kriminalpolizei gab die Toten frei zur Bestattung.

Wie Jens und Ilse hörten, hatte man sich geeinigt, den Mörder mit seinem Opfer gleichzeitig in einer Zeremonie und zwar in dem Familiengrab der Familie der Ehefrau übereinander zu bestatten.

Um sicher zu gehen, dass es keine Probleme geben würde, einem Selbstmörder gegen alle Regeln die Weihen der heiligen katholischen Kirche zukommen zu lassen, hatten sich sieben Priester der Nachbargemeinden angeboten, dabei zu sein, um den Dorfpfarrer bei seinem schweren Amt zu unterstützen. Was sollte man sonst auch tun. Schließlich war „er“ doch Ortsvorsteher und in so vielen Vereinen aktiv gewesen und überhaupt so ein freundlicher Mann. „Das Leben muss ja schließlich irgendwie weitergehen“, hörte man allenthalben. Die vier Kinder und die Mutter der ermordeten Frau, die sich offenbar verzweifelt versucht hatte dagegen zu wehren, dass ihre Tochter in dasselbe Grab gelegt wurde wie ihr Mörder, wurden von dem Dorfarzt betreut und mit Psychopharmaka ruhiggestellt.

Als die Beerdigung stattfand, dachten zufällig durch das Dorf kommende Touristen, es handele sich um ein Trachtenfest. Denn alle Vereine, die ganzen umliegenden Dörfer waren in ihren Festtagstrachten gekommen, rot und grün und glänzend, mit bunten Schürzen, bestickten Bändern und herrlichen Hüten, auf denen Fasanenfedern steckten. Blaskapellen marschierten mit ihren blitzenden Instrumenten. Trompeten, Flöten, Posaunen und Trommeln begleiteten schmetternd den Trauerzug, allen voran die Fahnenträger, danach die zwei Särge mit Unmengen von Blumen geschmückt, sodass ihre ungleiche Größe verborgen blieb wie manches andere auch.

Sieben Priester standen um das Grab und kein Verein verzichtet auf eine Rede, die die Verdienste des Verstorbenen würdigte. Über das Opfer gab es weniger zu sagen, aber natürlich war man voller Bedauern, dass eine so Glück versprechende Ehe ein so tragisches Ende gefunden hatte. Liebe und Vergebung – so der Priester – möge nun alles zudecken. Requiescant in pacem. Es war die größte und prächtigste Beerdigung, die es in der Geschichte des Dorfes gegeben hatte.

Nun liegt sie für alle Ewigkeit unter ihm, was ihr schon im Leben ein Ekel war, sagte Jens zu Ilse. Nächste Ferien fahren wir an die Ostsee.

In dieses Dorf bekommen mich keine zehn Pferde mehr.

Marion Röttgen
Schlimme Geschichten
132 Seiten, ISBN-13: 978-3939322993, € 9,90
Stuttgart: opus magnum, Edition Amici

Es sind ernste Geschichten von Frauen und Männern, von jungen und alten Menschen. Von Lebensentwürfen, denen der Sinn abhandengekommen ist. Kurze Szenen wie aus einem Film, der bildstark und in einer direkten, ungeschminkten Sprache abläuft. Berührend eindringlich. Mitleid erregend. So nah in seiner menschlichen Aura. So voller Melancholie und Trauer, so voller Poesie und auch Ironie, einer hellsichtigen, nie verletzenden, sondern die Erkenntnis fördernden Ironie, dass sich beim Lesen Verständnis und Teilhabe einstellen. Ein ehrliches, menschliches Du gibt hier Rechenschaft. Mit Ehrfurcht vor dem Leid, dem Scheitern, der Not des Anderen. Marion Röttgen liebt die Menschen und die Welt. Das Mediterrane ist ihr wie eine zweite Heimat. Sie, die so genau beobachtet, kann wunderbar knapp und sinnenfroh eine Landschaft, eine Stimmung beschreiben. Die Schönheit der Natur, in die dann die kleinen und großen Tragödien des Menschen hineinfallen. Beides zusammen gestaltet die Autorin prägnant und mit großer Tiefenschärfe: Das Schlimme und das Schöne im unendlichen Reigen des Lebens. (Heilbronner Stimme)

Marion Röttgen
Kindheiten
104 Seiten, ISBN-13: 978-3939322900, € 9,90
Stuttgart: opus magnum, Edition Amici

Marion Röttgens 15 Kurzgeschichten haben nichts mit einer Verklärung der Kindheit zu tun. Sie machen nicht auf niedlich oder entzückend. Sie sind lebenswahr. Stimmen auf eine heitere Weise nachdenklich. Sie gleichen Momentaufnahmen, in denen Existenzielles anklingt. In einer lockeren, klaren Prosa, die sich auch auf das versteht, was zwischen den Zeilen mitschwingt. Die Verwundungen, die Erwachsene Kindern zufügen. Selbst wenn sie es gut meinen und eine alte, heißgeliebte Puppe so perfekt restaurieren, dass diese auf das Kind kalt und fremd wirkt. Untröstlichkeit stellt sich dann ein. Auch die Folgen gescheiterter Beziehungen kommen zur Sprache, denen Kinder hilflos ausgesetzt sind. Schöne Stimmungen und Erwartungen, die von Erwachsenen kaputt gemacht werden. Aber dies alles wird nicht anklagend vorgebracht, sondern mit Einfühlung und auch mit einer Mischung aus Ironie und Humor, welche diese Geschichten lesens- und bedenkenswert macht. Denn Marion Röttgen kann anschaulich und farbig, oft auch amüsant und bei aller Leichtigkeit mit wissender Menschlichkeit erzählen. (Reutlinger Generalanzeiger)

Marion Röttgen
Tolga hats nicht leicht

88 Seiten ISBN-13: 978-3956121005, € 12,99
Stuttgart: opus magnum, Edition Amici

Patrizia ist ein patentes, fröhliches Mädchen, das aber gerade durch seine Spontaneität hier und da bei Eltern und Lehrern auf allerlei kleine und große Probleme stößt. Wie es aber gerade ihr gelingt, den neuen Mitschüler, den kleinen Türken Tolga, in die Klasse zu integrieren, das erzählt uns diesesBuch.

Dabei passiert natürlich auch allerlei Aufregendes – das neue Fahrrad verschwindet, und auch die Freundschaft mit der türkischen Familie ist nicht so einfach, wie die kleine Patrizia sich das zunächst vorstellt.

Diee Autorin hat viele Jahre in ihrem therapeutischen Institut leidenschaftlich gerne mit Kindern gearbeitet, unter ihren Publikationen finden sich auch zahlreiche Spiele für Kinder. Ihre große Erfahrung mit der kindlichen Wesensart, gepaart mit der Freude am Erzählen, führt jetzt zu einem charmanten Kinderbuch, das sich eines hochaktuellen Themas annimmt: derfreundlichen Integration von Migrantenkindern.

Tolga hat's nicht leicht ist nicht nur für die Kinder ein Lesevergnügen.